Das tut der Seele *gut*

KATRIN KOELLE

Das tut der Seele *gut*

Bewegung
Entspannung
Ernährung

Mit Test: Wie stressgefährdet bin ich?

Was Sie in diesem Buch finden

Die Seele – unser unsichtbares Zentrum

Was die Seele ausmacht, was sie ist und bedeutet, kann niemand mit endgültiger Sicherheit sagen. Doch eins wissen wir: Nur wenn unser Seelenleben gesund ist und wir glücklich sind, geht es uns auch körperlich gut. Gute Gefühle können uns gesünder machen, positive Gedanken stärken die Abwehrkräfte und schützen vor Stress. Unsere Seele bestimmt ganz wesentlich mit, wie es uns wirklich geht.

Woher kommt die Seele und wo geht sie hin?

Nach nichts sehnen sich die Menschen mehr als nach Ausgeglichenheit und innerem Glück. Aber wo kann man es finden und wie den Seelenfrieden finden, der oft fast unerreichbar zu sein scheint? Woran liegt das, und was ist das eigentlich: die Seele? Darüber diskutieren Philosophen, Wissenschaftler, Theologen und ganz normale Menschen wie Sie und ich seit Jahrtausenden. Zu einem abschließenden, eindeutigen Ergebnis ist bisher jedoch niemand gekommen. Je nach Standpunkt, Weltsicht und Glauben ist die Seele für jeden Menschen etwas anderes. Ob sie überhaupt existiert, wo man sie findet und wer Einfluss auf sie nehmen kann, darüber rätseln die Menschen. So soll der Arzt und Wissenschaftler Rudolf Virchow (1821–1902), Begründer der Zellularpathologie, gesagt haben: »Ich habe sehr viele Leichen seziert, aber eine Seele habe ich nicht gefunden.« Und dem Schriftsteller Voltaire (1694–1778) wird das skeptisch-launige Zitat zugeschrieben: »Lieber Gott, wenn es dich gibt, sei meiner Seele gnädig, wenn ich eine habe.«

Der Philosoph und Schriftsteller Voltaire nahm – wie alles – die Existenz der Seele mit Humor.

Das »Gewicht« der Seele

Es stimmt, sehen kann man die Seele nicht. Ob man sie wiegen kann, wie der amerikanische Arzt Duncan MacDougall 1907 nach einem Experiment als erwiesen ansah – auch das ist höchst umstritten. Er hatte die Gewichtsdifferenz zwischen lebendigen und toten Patienten gemessen. Durchschnittlich 21 Gramm betrug sie und MacDougall legte diesen Wert als »Gewicht der Seele« fest. Einige moderne und sehr renommierte Naturwissenschaftler – wie zum Beispiel die Physiker Jeremy Hayward oder Christian Hellweg – vertreten die These, dass die Existenz der Seele mithilfe der Quantenphysik eines Tages nachweisbar sein werde. Doch noch ist es nicht so weit, und fest steht eigentlich nur: Sehen, wiegen, riechen, anfassen oder hören kann man die Seele nicht – trotzdem wissen wir alle, dass da etwas in uns ist, das unser Leben ganz wesentlich mitbestimmt und über das reine Denken hinausgeht.

Seelensorgen zeigen sich auf viele Arten

Unser Seelenheil ist empfindlich. Viele von uns haben schon am eigenen Leib erfahren, dass seelischer Kummer und Stress uns regelrecht krank machen können. Trauer um einen Menschen, Liebeskummer, Angst oder Mobbing und Überforderung im Beruf oder in der Familie können dafür sorgen, dass uns das »Herz wehtut«, sich uns »der Magen umdreht«, wir »Schiss« oder »Bauchschmerzen« bekommen oder die Situation einfach »zum Kotzen« finden.

In Zeiten seelischer Krisen bekommen wir leichter eine Erkältung, die länger bleibt als gewohnt. Asthmatikern bleibt bei seelischen Belastungen »die Luft weg«, Pollenempfindliche sind in Stresszeiten besonders »verschnupft«, und wenn wir uns den »Kopf zerbrechen«, dann tut uns nicht selten tatsächlich auch der Kopf weh. Und das alles keineswegs nur im übertragenen Sinn, sondern körperlich fühl- und nachweisbar.

Psychosomatik: keine halben Sachen!

»Gut Ding will Weile haben«, so sagt schon der Volksmund. Etwa 2500 Jahre ist es her, dass der Philosoph Platon (427–347 v. Chr.) schrieb: »Dies ist der größte Fehler bei der Behandlung von Krankheiten, dass es Ärzte für den Körper und Ärzte für die Seele gibt, wo doch beides nicht voneinander getrennt werden kann.« Doch erst seit 1992 gibt es in Deutschland ein anerkanntes medizinisches Fachgebiet, das dieser Erkenntnis des griechischen Denkers gerecht wird. »Psychotherapeutische Medizin und Psychotherapie« nennen die Ärzte es; ein junges Fachgebiet, das erstmals in der Geschichte der modernen Medizin die von Ärzten und Naturwissenschaftlern oft gezogene Trennungslinie zwischen Körper und Seele aufzulösen versucht.

Tendenz zum ganzheitlichen Ansatz

Mehr und mehr Schulmediziner (die Kollegen aus der Naturheilkunde behandeln ja schon immer nach diesem Grundsatz) lassen sich davon überzeugen, dass diese Linie künstlich ist und man zwischen körperlichen und seelischen Erkrankungen gar keine klaren Grenzen ziehen kann. Forschungen belegen: Was immer die Seele nun sein mag – wenn es ihr gut geht, ist der Körper gesünder, und wenn der Körper leidet, gerät schnell auch die Seele in Mitleidenschaft. Es gibt offenbar wechselseitige Zusammenhänge zwischen Körper und Seele, und Ursache und Wirkung sind kaum auseinanderzuhalten. Stellen Sie sich ein Zahnradsystem vor: Nur wenn jedes Rädchen reibungslos ins andere greift, sind die Abläufe störungsfrei und harmonisch. So ähnlich funktioniert es in uns Menschen auch.

Mit ganzer Kraft fürs Seelenheil

Was bei anderen Völkern selbstverständlich ist, beginnt sich bei uns durchzusetzen: Das

Einsamkeit kann dazu führen, dass unsere Seele mit Depressionen reagiert. Einen Ausweg bietet uns in solchen Fällen kompetente Hilfe von außen, zum Beispiel von einem einfühlsamen Arzt.

ganzheitliche Vorbeugen und Heilen von Beschwerden und Erkrankungen, bei dem Körper und Seele als Ganzes und Untrennbares gleichermaßen gestärkt und behandelt werden. Jeder sensible Allgemeinmediziner fragt uns heute, wenn wir häufiger krank sind, ob uns etwas bedrückt oder belastet. Und auf der anderen Seite wird ein seriöser Psychotherapeut darauf bestehen, dass wir uns von einem Facharzt untersuchen lassen, wenn wir Symptome wie Herzrasen und Schwindelgefühlen verspüren. Im Idealfall, der zum Glück immer häufiger wird, arbeiten alle Ärzte zusammen, um uns zu helfen und unseren Körper und unsere Seele zu heilen.

Selbsthilfe für die Seele

Vieles können wir aber auch selbst für uns tun! Beginnen Sie damit, Ihren Körper und Ihre Seele als untrennbare Einheit zu sehen. Weder der eine noch die andere sind »wichtiger« oder »mehr wert«, beide haben unsere Aufmerksamkeit und Fürsorge verdient. Wenn wir das erkennen und anwenden, sind wir unserem Ziel, der inneren Harmonie und Ausgeglichenheit, gleich ein ganzes Stück näher. Stellen Sie sich vor Ihrem inneren Auge ein Sinnbild für das Wort »Ausgleich« vor. Denken Sie auch an eine Waage? Füllen wir in beide Waagschalen gleich viel Inhalt, entsteht das Gleichgewicht, die Balance. Vernachlässigen wir dagegen eine der beiden Schalen, entsteht ein Ungleichgewicht und damit eine Disharmonie.

Inneren Ausgleich schaffen

In der Betrachtung von Körper und Seele liegt eine doppelte Chance, gesünder und glücklicher zu werden. Denn wenn Körper- und Seelenzustand so eng miteinander verflochten sind, liegt nichts näher, als dass der eine durch den anderen heilen kann und umgekehrt. So können Sie sich wieder als das fühlen, was Sie sind: eine Einheit, in der Körper und Seele an Gesundheit und Wohlbefinden gewinnen.

Gut auf sich achten

Wenn wir körperlich krank sind, macht es Sinn, dass wir darüber nachdenken, wie es eigentlich um unsere Seele bestellt ist. Unsere Gefühle stärken oder schwächen, je nach Stimmungslage, nachweislich die Abwehrkräfte unseres Körpers. Wenn wir uns wohl, gelassen und glücklich fühlen, arbeitet unser Immunsystem aktiv und zuverlässig. Das heißt nicht, diese Aussage ist mir oft begegnet, dass wir »selbst Schuld« seien, wenn es uns körperlich oder seelisch nicht gut geht! Viele Gründe tragen dazu bei, dass wir schwere Zeiten der inneren Lähmung und Niedergeschlagenheit durchleben. Alte Verletzungen aus der Kindheit, eine unglückliche und destruktive Beziehung oder fehlende Anerkennung im Beruf trüben unsere Seele ebenso wie hormonelle Veränderungen in den Wechseljahren. Der Tod eines geliebten Menschen reißt eine große Lücke in unser Leben und verursacht Schmerz und Trauer, finanzielle Not bringt uns ebenso um den Schlaf wie die Angst vor Arbeitslosigkeit.

Doch achten Sie gerade in diesen Zeiten auf sich selbst, Ihren Körper und Ihre Seele. Ich möchte Sie ermutigen, aktiv etwas dafür tun, dass es Ihnen bessergeht. Denn es ist wahr: Eine positive, vertrauens- und hoffnungsvolle Grundstimmung kann uns tatsächlich vor Krankheiten schützen.

Seelenleid kann körperlich krank machen, weil Sorgen das Immunsystem schwächen, sodass Viren und Bakterien leichtes Spiel haben.

Krisen können für die Seele sinnvoll sein

In jedem Leben gibt es Krisen, ganz vermeiden können wir diese schwereren Zeiten wohl nie. Aber wir müssen keine willen- und hilflosen Opfer des Schicksals sein. Weder Menschen noch Umstände haben die Macht, uns krank und unglücklich zu machen, wenn wir es nicht zulassen. Man kann lernen, sich selbst wahrzunehmen, zu respektieren und gut zu behandeln, und so dafür sorgen, dass sowohl der Körper als auch die Seele bekommen, was sie brauchen.

Trauer darf sein

Geht eine Liebe in die Brüche oder eine Hoffnung zugrunde, ist es normal, dass wir darum trauern. Auch das gehört dazu, wenn wir unserer Seele Gutes tun: verstehen und akzeptieren, dass sie nicht immer in Hochstimmung sein kann. Es wäre unmenschlich, immer nur »gut drauf« zu sein. Gefühle wie Angst, Ärger, Ungeduld oder Wut haben durchaus ihren Grund und ihre Berechtigung. Wer sie krampfhaft vermeidet, tut seiner Seele nichts Gutes.

Auch mal an sich denken

Wir können aktiv und nach unseren Vorstellungen unser Leben auf- und umbauen. Das ist leicht gesagt, finden Sie? Stimmt, aber es ist gar nicht so schwer in die Tat umzusetzen, wie wir oft meinen. Wichtig ist, dass wir uns klar darüber werden, wie es uns eigentlich **wirklich** geht.
Wie oft schauen wir danach, wie andere sich fühlen, ob sie alles haben, ob sie glücklich und zufrieden sind! Nur uns selbst und unsere Seele tun wir oft wenig Gutes. Fangen Sie doch genau da an und beginnen Sie damit, sich selbst ein wenig wichtiger zu nehmen. Gönnen Sie sich doch einmal richtig Zeit für sich und ziehen Sie Bilanz: Was bedrückt, belastet, kümmert Sie? Was macht Ihnen das Leben schwer und hindert Sie am Glücklichsein? Worunter leiden Sie besonders häufig – Ängste, Unruhe, Depressivität, Mutlosigkeit, Überlastung? In eine solche Bilanz gehören aber auch die Dinge, die Ihr Leben positiv machen oder machen könnten. Woran haben Sie Freude? Wofür lohnt es sich, jeden Tag aufzustehen? Was könnten Sie verändern, damit es Ihnen bessergeht?

Grenzen ziehen und aktiv werden

Wenn Sie sich häufig erschöpft und ausgelaugt fühlen, wird es Ihnen und Ihrer Seele guttun, eine Entspannungstechnik zu erlernen. Haben Sie das Gefühl, dass Ihnen zu viel abverlangt wird, beruflich wie privat? Dann ist es an der Zeit, Grenzen setzen und einen gesunden Egoismus zu lernen. Haben Sie oft Schmerzen im Kopf oder Rücken, die Ihnen das Leben sauer machen und Ihnen die Stimmung verderben, dann könnte es hilfreich sein, buchstäblich mehr Bewegung in Ihr Leben zu bringen.
Denken Sie daran, was Ihnen Spaß und Freude macht, was Sie sich wünschen, womit

Sie zufriedener und glücklicher leben könnten. Oft wissen wir das insgeheim sogar ziemlich genau. Wir trauen uns nur nicht, es auch wirklich für uns in Anspruch zu nehmen. Erlauben Sie sich, das zu ändern!

Dem Seelenfrieden näher kommen

Wenn wir uns Frieden in unserer Seele wünschen, können wir über den Körper einiges dafür tun. Sportliche Bewegung, gezieltes Entspannen und die bewusste Aufnahme bestimmter Nährstoffe können sehr hilfreich sein. Doch es lohnt sich auch, die eigene Grundeinstellung, Gedanken und Überzeugungen von Zeit zu Zeit zu überprüfen. Stimmen sie noch, passen sie noch zu uns und unserem Leben? Tun sie uns gut oder machen sie uns unnötig klein und hilflos? Ist die Angst, die uns quält, eigentlich wirklich nur negativ – oder könnten wir sie auch als Freund begreifen, als Botschafter der Seele, die sagen will: »Es geht mir nicht gut, tu etwas!«?

Die Seele hat eine Sprache

Denn vergessen wir nicht: Die Seele mag unsichtbar und auch unhörbar sein, stumm ist sie nicht! Im Gegenteil: Sie hat ihre ganz eigene Sprache, mit der sie uns einen heilsamen Weg zeigt. Hören Sie auf diese innere Stimme und tun sich etwas Gutes. Lassen Sie auch mal »die Seele baumeln«. Sie mag Leichtigkeit, es tut ihr wohl, wenn wir uns treiben lassen, uns verwöhnen, den Ernst des Alltags vergessen und uns einfach amüsieren. Nicht zuletzt eine möglichst große Portion Humor kann uns dabei unterstützen, unserem Ziel näher zu kommen. Schließlich ist längst wissenschaftlich erwiesen, dass Lachen das Immunsystem stärkt und seelischen Krisen die Spitze nehmen kann.
Denken Sie an den berühmten Kabarettisten und Komiker Karl Valentin, der uns den guten Rat gab: »Man soll die Dinge nicht so tragisch nehmen, wie sie sind.«

Ein Lächeln kann unsere Seele aufmuntern. Studien zeigen, dass unser Stresshormonspiegel sogar dann sinkt, wenn wir nur so tun, als ob.

So gibt die Seele Signale, was ihr fehlt

Unsere Seele meint es gut mit uns: Lange Zeit nimmt sie geduldig hin, wenn wir ihren Bedürfnissen wenig gerecht werden. Doch dabei signalisiert sie uns auf ihre Art, dass uns Veränderungen besser täten – erst leise, dann immer deutlicher.

Die wichtigsten seelischen Befindlichkeitsstörungen und ihre Ursachen

Geteiltes Leid ist halbes Leid? Wenn es um Körper- und Seelenleid geht, lässt sich diese Weisheit aus dem Volksmund leider nicht anwenden.
Denn eben weil Seele und Körper eine Einheit bilden, gilt eher: Leidet der eine, leidet früher oder später der andere Teil mit. Wie wichtig dabei unsere Seele ist, zeigt die Tatsache, dass es uns häufig (bewusst oder auch unbewusst) zuerst psychisch und emotional nicht gut geht, bevor somatische (körperliche) Beschwerden hinzukommen.

Kopfschmerzen gehören zu den häufigsten Symptomen, hinter denen sich seelische Überlastung und Probleme verbergen.

Was seelischer Stress im Körper auslöst

Das kennen Sie sicher auch: In schwierigen, sehr anstrengenden Zeiten fühlt man sich nicht nur bedrückt oder irgendwie unwohl, auch der Körper rebelliert. Vielleicht bekommen Sie Kopfweh, oder Ihr Rücken schmerzt. Manche Menschen reagieren mit Durchfall, Magenschmerzen, Herzrasen oder Erkältung und Grippe, wenn es mal wieder Zoff mit dem Nachbarn gibt, der pubertierende Sohn zum x-ten Mal die Türen knallt, der Chef schon wieder meckert oder der Partner permanent seine Launen an uns auslässt. Und solche Symptome bilden wir uns keineswegs ein!

Was die Wissenschaft dazu herausgefunden hat

Viele Studien weisen nach: Bei seelischen Belastungen wie Anspannung, Ärger, Hetze, Angst oder Trauer schüttet unser Körper vermehrt die Hormone Adrenalin und Cortisol aus. Das ist an sich durchaus gut so, denn beide Hormone haben im Körper wichtige Aufgaben: Adrenalin brauchen wir unter anderem für eine gute Durchblutung und Verdauung; Cortisol reguliert den Stoffwechsel.

Doch je mehr wir uns unter Druck fühlen, desto höher steigt in der Regel der Spiegel an Cortisol und Adrenalin in unserem Blut. Dem Körper gelingt es nicht mehr, den durch Stress entstandenen Überschuss angemessen abzubauen. Passiert das nur ab und zu, ist es normal und nicht weiter tragisch. Werden die Belastung und der Überschuss an Stresshormonen aber zum Dauerzustand, hat das fatale Folgen, zum Beispiel auf Herz und Kreislauf. Aber auch unsere Seele reagiert empfindlich, etwa mit Nervosität, Schlaflosigkeit, Reizbarkeit oder Ängsten.

Bei Dauerstress erhöhen sich außerdem Blutdruck und Blutzucker, was zu Diabetes mellitus (Zuckerkrankheit) führen kann. Der Spiegel des Sättigungshormons Leptin im Körper sinkt, was Heißhungerattacken und damit Übergewicht fördern kann. Wir haben häufiger Infektionen und Entzündungen. Die Folge: Es entsteht neuer Stress, der unseren Spiegel an Stresshormonen weiter erhöht – ein Teufelskreis beginnt.

So macht Stress uns krank

Ganz gleich, ob wir im Beruf unter starkem Dauerdruck stehen oder unser Privatleben nicht immer harmonisch ist: Andauernde Belastungen und Stress machen uns körperlich krank. Das ist bereits bekannt – neue Studien machen nun deutlich, warum das eigentlich so ist.

Mein Rat

Um dem Stress Paroli bieten zu können, muss uns klar sein, was uns eigentlich besonders belastet. Den einen stresst vielleicht ein Zuviel an Kontakten und Aufgaben, jemand anderes dagegen fühlt sich eher schlecht, wenn er zu wenig um die Ohren hat. Trotzdem gibt es Methoden, die bei praktisch jedem Menschen funktionieren. Probieren Sie einmal diese einfache Übung: Sie brauchen dafür nur Qi-Gong-Kugeln (aus dem Asialaden). Lassen Sie sie in den Handinnenflächen kreisen – erst im Uhrzeigersinn, dann in die andere Richtung. Das ist gar nicht so leicht, wie es klingt – aber eben daher sehr wirksam, denn die dafür nötige Konzentration hilft, sich zu entspannen.

Erstaunliche Ergebnisse aus der Forschung

Forscher der University of British Columbia in Vancouver (Kanada) untersuchten für eine Studie den Cortisolspiegel von Menschen, die unter großem emotionalem Stress standen. Sie verglichen die Blutwerte von Angehörigen, die einen krebskranken Verwandten pflegten mit den Werten von Kontrollpersonen, die keiner größeren seelischen Belastung ausgesetzt waren.

Das erstaunliche Ergebnis: Beide untersuchten Gruppen hatten etwa die gleiche Menge Cortisol im Blut. Doch ihre Immunzellen reagierten völlig unterschiedlich auf den Cortisolspiegel. Die pflegenden Angehörigen alterten vorzeitig.

Asthma: Eine Patientin erzählt

Ulla D., 52, Sachbearbeiterin aus Münster

Tief durchatmen? Diesen Rat von anderen hätte ich nur zu gern befolgt, wenn mir mal wieder die Luft wegblieb. Nur ging das leider sehr lange eben nicht, ganz im Gegenteil. Von meiner frühen Kindheit an litt ich unter Asthmaanfällen. Und ganz besonders schlimm wurde es, wenn ich unter seelischer oder körperlicher Belastung stand. Früher kam die Atemnot bei Prüfungen oder Klausuren in der Schule, später dann vor allem, wenn sich die Arbeit wieder mal auf meinem Tisch stapelte, das Telefon pausenlos ging und mein Chef auch noch meckerte, dass alles schneller gehen müsste.

Auch wenn ich mit meinem Mann oder meiner Tochter Auseinandersetzungen hatte, musste ich häufig aufgeben, weil mein Asthma und die Atemnot einfach zu schlimm wurden. Ich ließ mich immer öfter krankschreiben, aber geholfen hat auch das letztlich nicht. Kaum stand ich wieder im Alltagsleben, waren die Anfälle genauso heftig wie vorher. Ich war verzweifelt, wurde auch richtiggehend depressiv und hatte das Gefühl, da komm ich nie mehr raus. Mein Arzt, der sehr offen für alternative Heilmethoden ist, schickte mich dann zu einem Atemtherapeuten. Beim Erstgespräch erklärte er mir, warum es Sinn macht, gerade den außer Kontrolle geratenen Atem bei Asthma »einzufangen«. Und er machte mir große Hoffnung, dadurch wenigstens die Schwere meiner Asthmaanfälle zu lindern. Erst in der Arbeit mit diesem Atemtherapeuten begriff ich wirklich, was mit mir passierte, wenn ich unter Druck stand, und wie wichtig für mich Entspannung ist.

Heute, ungefähr fünf Jahre nach Ende der Therapie, mache ich weiterhin regelmäßig die damals gelernten und geübten Atemübungen. Außerdem gehe ich jede Woche zum Yoga, auch das entspannt mich. Mein Asthma bin ich zwar nicht ganz losgeworden. Aber die Anfälle sind viel seltener und weniger heftig geworden.

Wissenschaftler der Universität von Kalifornien bestätigten: Chronischer Stress ist mit einem beschleunigten Alterungsprozess von Immunzellen verbunden. Wer unter chronischem Stress steht, dessen Immunzellen weisen schon in jungen Jahren in bestimmter Hinsicht gleiche Merkmale auf wie die Immunzellen älterer Menschen. Entsprechend krankheitsanfällig ist unser Körper dann auch!

Allergien als Signal einer gestressten Seele

Sie kennen sicherlich den Spruch »Wenn ich daran nur denke, kriege ich schon einen Ausschlag«?
Genau das passiert vielen Menschen, wenn sie sich unter Druck fühlen: Sie bekommen Pusteln, Pickel oder Ekzeme. Auch bereits

bestehende Allergien verschlimmern sich häufig bei Stress und Kummer.
Starke Anspannung oder Angst kann Asthmaanfälle verstärken oder sogar hervorrufen. Aufregung und Nervosität machen die Symptome einer Pollenallergie für viele Menschen besonders belastend oder führen zu einer verstärkung von Lebensmittelallergien.

Die Ursache?

Schuld an solchen Überreaktionen des Immunsystems – denn nichts anderes ist eine Allergie – ist, vereinfacht gesagt, wieder der durch Stress und seelische Belastung zu hohe Spiegel von Cortisol im Blut.
Das bewies auch eine Studie des Ohio State Medical Center (USA). Die daran teilnehmenden Allergiker wurden zwei Tage lang verschieden starken Belastungen ausgesetzt; anschließend untersuchten die Forscher die Reaktionen darauf. Dabei stellte sich heraus, dass schon mäßige Anspannung im sogenannten Pricktest (die am häufigsten durchgeführte Standarduntersuchung bei Verdacht auf Allergien) bei den Testpersonen zu etwa 75 Prozent größeren Quaddeln als unter normalen Bedingungen führte.

Doch damit nicht genug: Auch am Tag nach den Tests kam es viermal so oft zu verstärkten allergischen Reaktionen. Die Forscher nehmen an, dass dafür auch der unter Stress ermittelte stark erhöhte Spiegel der Botenstoffe Katecholamin und Interleukin-6 im Blut der Probanden verantwortlich ist.

Sind es wirklich nur Pollen und Blütenstaub, die Allergiker plagen? Viele Studien zeigen, dass unser seelischer Zustand ganz entscheidend darüber mitbestimmt, ob und wie sehr wir betroffen sind.

Rückenschmerzen als Hilferuf der Seele

Wie wichtig die Seele gerade auch bei Rückenschmerzen ist, zeigen neuere Studien. So hat etwa jeder dritte Patient mit einem Bandscheibenvorfall keinerlei Beschwerden; er empfindet keinen Schmerz trotz abgenutzter Bandscheiben.

Da staunen selbst die Experten: Der eine Patient fühlt sich wohl und gesund, wenngleich man bei ihm erhebliche Wirbelsäulenschäden nachweisen kann, der andere Patient klagt über starke Schmerzen, obwohl bei ihm nur eine Muskelverspannung feststellbar ist. In nur etwa zehn Prozent der Fälle sind tatsächlich Verschleißerscheinungen Ursache für Rückenschmerzen.

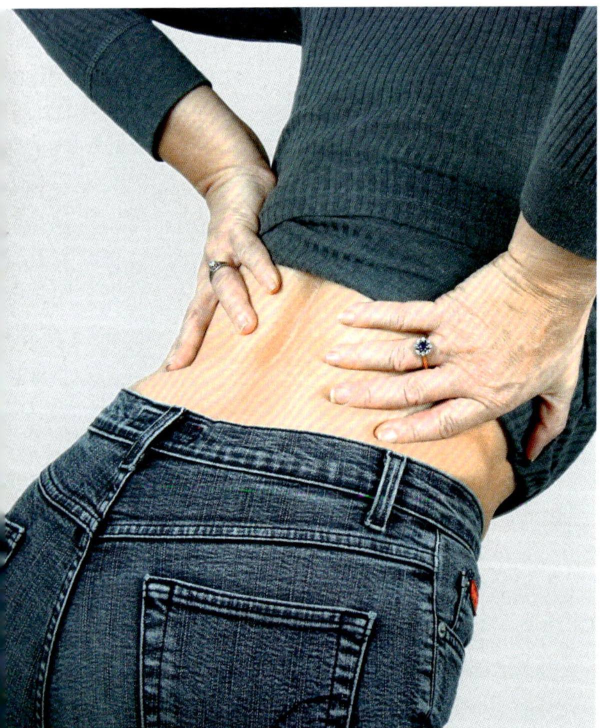

Wenn der Rücken wehtut, liegt oft kein organischer Schaden vor. Ein großer »Seelenschmerz« kann die eigentliche Ursache sein.

Experten ziehen daraus den logischen Schluss: Ob wir von Rückenschmerzen geplagt werden oder nicht, hängt offenbar sehr stark von unserer seelischen Verfassung ab. Vor allem, wer vor dem Schmerz große Angst hat und sich ihm ausliefert, setzt einen Teufelskreis aus »Schmerz – Angst – Verkrampfung – noch mehr Schmerz« in Gang.

Warnsignal des Körpers

Betrachtet man hingegen den Schmerz als ein Warnsignal des Körpers, etwas an seiner Lebensweise oder seiner Körperhaltung zu verändern, kann man ihn durchaus besiegen – selbst dann, wenn tatsächlich ein organischer Schaden vorliegt.

Wärme tut gut

Es liegt also auf der Hand, wie wichtig und wohltuend es ist, für ausreichend Ruhe, Entlastung und Entspannung zu sorgen, wenn man mit Wirbelsäulenbeschwerden zu kämpfen hat. Schon eine heiße Dusche oder ein warmes Bad in der Wanne kann Ihnen Linderung bringen.

- Richten Sie beim Duschen den Wasserstrahl direkt auf die betroffenen Partien, das wird Sie entspannen.
- Zur Steigerung des Effekts empfehle ich Ihnen, die betroffene Stelle nach der Dusche oder dem Bad mit etwas Pfefferminzöl einzureiben und anschließend schön warm zu »verpacken«.
- Falls – etwa im Büro – Bad oder Dusche nicht möglich sind, kann auch eine warme Kompresse helfen: Ein kleines Handtuch in heißes Wasser tauchen, auswringen und auf den schmerzenden Bereich legen.

Die Rückenmuskeln lockern

Zur Entspannung und zur Lockerung der verspannten Muskulatur im Rücken kann die auf Seite 22 vorgestellte Übung beitragen. Wiederholen Sie sie beliebig oft und immer dann, wenn Sie einfach das Gefühl haben, sich und Ihrem Rücken Entlastung und Entspannung gönnen zu wollen. Vor allem der untere Rücken wird spürbar »entzerrt« und wohltuend gedehnt.

Da die Übung wirkungsvoll, aber sanft ist, eignet sie sich besonders gut auch für Untrainierte sowie für Menschen mit Übergewicht oder für Schwangere.

Bitte beachten Sie

- Gehen Sie so behutsam und langsam wie möglich vor. Ruckartige Bewegungen schaden mehr, als dass sie nutzen.
- Damit Sie sich möglichst gut entspannen, sind eine ruhige, warme und bequeme Umgebung und Lage ebenso wichtig wie genügend Zeit. Planen Sie für ein ganz entspanntes Üben also einen Moment ein, in dem bestimmt nichts und niemand Sie stören wird. Stellen Sie dazu auch das Telefon aus.
- Eventuell fällt Ihnen die Übung zur einen Seite schwerer als zur anderen. Das zeigt, dass Ihre Muskeln einseitig verspannt sind. Gehen Sie nicht mit Gewalt dagegen an, sondern üben Sie einfach regelmäßig und gelassen, dann wird sich dieses Ungleichgewicht bald einpendeln.

Mein Rat

Den meisten Rückenschmerzgeplagten tut es gut, die schmerzenden Partien mit einer geeigneten Salbe zu massieren. Mir persönlich hilft beispielsweise »Tiger Balsam« am besten, den es in der Apotheke oder Drogerie rezeptfrei zu kaufen gibt. Und ich finde den intensiven Geruch nach ätherischen Ölen und Gewürzen sehr entspannend! Nehmen Sie die »rote« Variante, die speziell für Verspannungen gedacht ist, allerdings anfangs nicht zu viel davon, denn sonst kann ein schmerzhaftes Brennen auftreten. Gefährlich ist das nicht, unangenehm allerdings schon. Ein leichtes Kribbeln hingegen ist normal und zeigt, dass die Salbe Ihre Durchblutung kräftig anregt. Genau das bewirkt, dass die verspannten Muskeln sich lockern und entspannen.

Wann sollten Sie mit Rückenschmerzen zum Arzt gehen?

- Bei sehr starken Schmerzen, die in den gesamten Oberkörper ausstrahlen
- Bei Steifheit oder Bewegungseinschränkungen
- Bei Taubheitsgefühlen und Kribbeln in Armen oder Händen sowie in Beinen und Füßen
- Bei starken Schmerzen, die nicht von selbst nach wenigen Tagen abklingen
- Bei Rückenschmerzen, die sich auch durch sanftes, sachgemäßes Training wie Yoga eher noch verschlechtern
- Bei Schmerzen, die nicht stärker werden, aber durch ein Entspannungsprogramm auch nicht verschwinden

Falls Lähmungen oder Ausfallerscheinungen in den Beinen auftreten (sehr selten!), ist Eile geboten, denn hier könnte eine bleibende Schädigung von Rückenmark oder Nervenwurzeln auftreten.

Sanfte Übung für einen entspannten Rücken

Legen Sie sich in locker sitzender Kleidung in einem angenehm warmen Raum auf eine bequeme, nicht zu weiche Unterlage. Am besten eignet sich eine Yoga- oder Gymnastikmatte, aber auch eine Wolldecke taugt als Ersatz.
Zusätzlich falten Sie zwei Handtücher (siehe Abbildung 1), die Sie unter den Oberkörper legen.

1 Strecken Sie zuerst die Beine gerade aus, ohne sie anzuspannen. Die Arme legen Sie locker neben dem Körper ab, Handflächen zeigen nach unten.

- Lassen Sie sich einen Moment Zeit, um zur Ruhe zu kommen. Atmen Sie während der gesamten Übung ruhig und gleichmäßig. Wer sich so besser entspannt, kann jetzt die Augen schließen.
- Stellen Sie beide Beine auf, Füße und Knie sind parallel und hüftbreit auseinander, die Fußsohlen mit festen Kontakt zum Boden.

2 Mit dem nächsten Ausatmen heben Sie Ihr Becken ganz langsam und kontrolliert an. Und zwar so weit, bis Ihre Oberschenkel und Ihr Rumpf eine gerade Linie bilden.

3 Jetzt führen Sie Ihre Hände zusammen und greifen mit den Fingern ineinander, das heißt, Sie »verzahnen« sie.

- Ziehen Sie die Schulterblätter zusammen; achten Sie darauf, dass Sie gerade bleiben.
- Mit dem nächsten Einatmen heben Sie das Brustbein noch mehr an und schieben es zum Kinn. Das Gewicht liegt auf den Schultern, nicht auf der Halswirbelsäule.
- Spannen Sie Ihr Gesäß fest an und schieben Sie Ihre Knie nach vorne weg, als ob Sie die Oberschenkel verlängern wollten.
- Atmen Sie ganz ruhig und fließend weiter.
- Bleiben Sie so lange in dieser Position, wie sie Ihnen angenehm ist.
- Dann legen Sie langsam Wirbel für Wirbel – vom Nacken aus – wieder am Boden ab.
- Bleiben Sie noch eine Weile so liegen und spüren Sie der Übung nach.

1

2

3

Bei Burn-out funkt die Seele SOS

Engagement hin, Ehrgeiz her: Menschen, die meinen, sie müssten einfach alles schaffen und das auch noch perfekt, zahlen häufig einen hohen Preis. Bestes Beispiel sind Frauen, die ihre Rolle als Berufstätige, Hausfrau, Mutter, Tochter und Ehefrau mit Perfektion auszufüllen versuchen. Das mag erst einmal Befriedigung bringen, auf Dauer aber kostet es vor allem Energie. Denn ganz gleich, welchen Beruf man ausübt – stellt man ständig höchste Ansprüche an seine eigenen Leistungen und hält sich für unersetzbar, dann droht über kurz oder lang eine tiefe Erschöpfung. »Burn-out« (Ausbrennen) nennen Psychologen und Mediziner es, wenn Stress chronisch wird, sich die Betroffenen selbst obendrein noch immer mehr Aufgaben aufbürden und am Ende ein seelischer und körperlicher Zusammenbruch steht.

Ausgebrannt sein

Der Zusammenbruch bahnt sich oft langsam an: Zunächst fast unmerklich und schleichend konzentriert sich das Leben zunehmend auf die Arbeit. Familie, Freunde, Freizeit und Hobbys – alles, was ihnen vorher Freude machte, vernachlässigen Betroffene mehr

Wenn alles zu viel wird und man sich trotzdem weiter überfordert, kann das den Beginn eines Burn-out-Syndroms anzeigen. So nennen Experten chronische Erschöpfungszustände durch Dauerstress.

Das sagt der Experte

Matthias Heyne, Diplom-Psychologe, Verhaltens- und Personaltrainer in Berlin

Typisch für Burn-out-gefährdete Menschen ist ein tiefes Gefühl der Unzufriedenheit und Unzulänglichkeit. Dazu kommen meist verschiedene Anzeichen für eine starke Überlastung, wie beispielsweise emotionale Erschöpfung, gesellschaftlicher Rückzug, Leistungsabnahme und viele mögliche körperliche Begleiterscheinungen wie etwa Schlafstörungen, Kopfschmerzen, Tics, Verdauungsprobleme, Ängste oder depressive Verstimmung.

Jetzt ist es höchste Zeit, die Notbremse zu ziehen, für Entlastung und Entspannung zu sorgen – noch ist das möglich. Wenn man die ersten Anzeichen aber einfach übergeht und so weitermacht wie bisher, dreht sich das Rad immer schneller: Körperliche Symptome wie Kopf- und Magenschmerzen, Schlafstörungen, Herzrasen usw. verschlimmern sich. Manche Betroffene werden plötzlich ungewohnt aggressiv, oder aber immer stiller. Ängste und Verzweiflung nehmen überhand. Am Ende kann es zu einer echten, tiefen Depression und zum völligen Zusammenbruch kommen. In solchen Fällen hilft dann nur noch eine ambulante oder auch stationäre Psychotherapie.

Damit es gar nicht erst zum Burn-out kommt, hilft es, auf sich selbst und seine Grenzen zu achten und zu lernen, auch einmal »nein« zu sagen.
Als Unterstützung eignen sich auch sanfte pflanzliche Heilmittel wie Johanniskrautkapseln bei depressiver Stimmung oder Baldrian bei Unruhe und Ängsten (lesen Sie dazu auch ab Seite 66).
Ganz besonders hilfreich ist das Erlernen von Entspannungstechniken wie autogenes Training, Yoga oder progressive Muskelentspannung. Manche meiner Klienten haben sehr gute Erfahrungen mit dem Besuch einer Selbsthilfegruppe gemacht, wo sich Burn-out-Gefährdete austauschen können.

Nach meiner Erfahrung mit vielen Klienten halte ich übrigens die Liebe und Achtsamkeit für sich selbst für die beste Vorbeugung. Wer gut mit sich umgeht, sich ausreichend Ruhe und Spaß als Ausgleich zur Arbeit gönnt, für gute Ernährung, genug Bewegung und Schlaf sorgt, bei dem hat Burn-out kaum eine Chance.

und mehr. Wer sich selbst noch jede Menge Arbeit auf die ohnehin schon reichlich vorhandene draufpackt, steht möglicherweise am Beginn eines Burn-out-Syndroms.

Test: Wie stressgefährdet bin ich? Droht mir ein Burn-out-Syndrom?

Der Diplom-Psychologe und Personal-Coach Matthias Heyne hat einen Fragebogen entwickelt, mit dem Sie überprüfen können, wie hoch Ihr persönliches Stressniveau einzuschätzen ist. Kreuzen Sie in den beiden Kästen alles an, was auf Sie in den letzten sechs bis neun Monaten zutrifft. Seien Sie dabei möglichst ehrlich mit sich selbst und lassen Sie sich ruhig Zeit beim Ausfüllen – umso genauer wird das Ergebnis.

Das bedeuten Ihre Antworten

- Je öfter Sie »Manchmal« ankreuzen, desto höher die Wahrscheinlichkeit, dass Sie sich einem zu großen Druck aussetzen und Stress bei Ihnen chronisch werden könnte. Überlegen Sie anhand dieses Buchs, wie Sie sich entlasten und entspannen können.

Meine derzeitigen körperlichen Beschwerden

Ich bemerke in letzter Zeit folgende körperliche Symptome	Manchmal	Oft	Ständig
Muskelverspannungen (Rücken, Nacken, Beine, Kiefer)			
Magen- und Darmbeschwerden ohne körperliche Ursache			
Herzrasen und andere Herzbeschwerden			
Atemnot, Probleme beim Atmen			
Kopfschmerzen, Migräne			
Schlafstörungen (ich schlafe schlecht ein und/oder durch)			
Starkes Schwitzen (besonders nachts)			
Unerklärliche Hautveränderungen (Pickel, Ekzeme usw.)			
Starker Haarausfall			
Schwäche, Kreislaufprobleme, Übelkeit			
Schwindelgefühle, Ohnmachtsanfälle			
Plötzliche Leere im Kopf			
Störungen der Menstruation (Frauen)			
Appetitmangel oder Heißhunger			

Wie ich mich momentan fühle

In letzter Zeit fühle ich mich ohne erkennbaren Anlass ...	Manchmal	Oft	Ständig
Reizbar, schnell erregt			
Nervös, unruhig			
Aggressiv, wütend, ärgerlich			
Ängstlich, panisch, irgendwie in Gefahr			
Traurig, bedrückt			
Irgendwie hilflos			
Müde, erschöpft			
Lustlos, gelangweilt			
Mutlos, hoffnungslos			
In meinen kreisenden Gedanken wie gefangen			
Minderwertig, unzureichend			
Weniger leistungsfähig			
Ungeduldig			
Unkonzentriert, fahrig			
Unsicher			
Desinteressiert an Menschen allgemein			
Desinteressiert an meinem Partner, auch sexuell			

- Stehen Ihre Kreuze überwiegend in der mittleren Spalte, stecken Sie vermutlich schon relativ tief in der Stressfalle. Beginnen Sie möglichst umgehend damit, etwas dagegen zu unternehmen. Noch können Sie das »Hamsterrad« stoppen, indem Sie aktiv etwas zu Ihrer Entspannung tun. Denken Sie auch an Hilfe von außen, beispielsweise an eine Psychotherapie oder eine Selbsthilfegruppe.
- Wenn Sie am häufigsten »Ständig« angekreuzt haben, hat der Stress Sie bereits krank gemacht. Vermutlich leiden Sie schon an einer oder mehreren körperlichen Beschwerden sowie an großen seelischen Befindlichkeitsstörungen. Höchste Zeit, sich Hilfe zu suchen! Sprechen Sie mit Ihrem Arzt über Möglichkeiten, die quälenden Symptome zu behandeln und Entspannung zu finden.

Dem Alltag Lebwohl sagen

Ist Ihr Alltag komplett verplant, haben Sie ewig denselben Ablauf und ein volles Programm? Dann kann es Ihnen guttun, mal aus dem Trott auszubrechen – probieren Sie es doch einmal aus!

- Sagen Sie einen Termin einfach mal ab, wenn Ihnen nicht danach ist.
- Oder lassen Sie die Bügelwäsche liegen und gehen Sie spazieren, wenn draußen die Sonne lacht.

Eine ganz einfache und besonders schöne Art, dem Stress eins auszuwischen ...

- Waschen Sie Ihr Auto zwei Wochen lang gar nicht.
- Kochen Sie freitags etwas anderes als Fisch.
- Schauen Sie einen Abend überhaupt nicht fern.
- Bleiben Sie ein Wochenende lang im Bett ...

Versuchen Sie's!

Es gibt viele Möglichkeiten, auch im Alltag gut auf die eigenen Bedürfnisse zu achten und so dem Stress die Spitze zu nehmen. Ihnen wird sicherlich noch eine ganze Menge mehr einfallen.

Zur Ruhe kommen

Scheinbare Faulheit kann sogar richtig gesund sein: Ein Nickerchen nach dem Mittagessen schützt Herz und Kreislauf und bremst so den Stress aus.
Ein britisches Forscherteam testete insgesamt 23 000 Männer und Frauen in einem Schlaflabor und fand heraus: Schon die Vorbereitung auf das Mittagsschläfchen senkte den Blutdruck, durch eine regelmäßige Mittagsruhe stabilisiert sich der Kreislauf auf Dauer.

Das tut Ihnen gut

Eine halbe Stunde dreimal die Woche ist gut, ein täglicher Kurzschlummer noch besser. Legen Sie sich doch auch einmal eine halbe Stunde hin, es wird Ihnen guttun.

Burn-out: Eine Patientin erzählt

Silke J. (41), Krankenschwester aus Leipzig

Vor rund vier Jahren stand ich kurz vor einem seelisch-körperlichen Zusammenbruch: Im Beruf brachte ich permanent vollen Einsatz, dazu kam eine nervenaufreibende Scheidung, die Pflege meiner Eltern und die Verantwortung als alleinerziehende, berufstätige Mutter. Ich war völlig erschöpft, litt an Schlafstörungen, Nervosität, Ängsten und starken Rückenbeschwerden.

Eine Freundin überredete mich dann nach einiger Zeit, mit ihr zu einem AquaRelax-Kurs (lesen Sie mehr dazu ab Seite 50) zu gehen, und das war mein Glück. Nichts brauchte ich so nötig wie Entspannung – nur wusste ich überhaupt nicht, wie ich mich entspannen sollte. Das hatte ich einfach nie gelernt. In der AquaRelax-Gruppe änderte sich das: Zwei Monate lang nahm ich mir die Zeit, jede Woche hinzugehen. Unter Anleitung der Therapeutin und gemeinsam mit den anderen schaffte ich es tatsächlich immer besser zu entspannen.

Die Therapeutin erzählte uns dann eines Abends auch von Wasser-Shiatsu (Abkürzung: Watsu), einer aus dem AquaRelax weiterentwickelten Methode zu noch intensiverer Tiefenentspannung und zur ganzheitlichen Behandlung von Seele, Geist und Körper. Sich tragen lassen, mal völlig passiv sein und so Spannungen und Schmerzen loswerden – das klang für mich dann doch sehr verlockend. Zusammen mit zwei anderen aus der AquaRelax-Gruppe meldete ich mich schließlich an.

Zuerst war es gar nicht so leicht, denn beim Watsu ist man völlig passiv. Das war für mich sehr ungewohnt, aber eben auch heilsam. Denn ich musste lernen, nach und nach die Verantwortung und das Handeln der Therapeutin zu überlassen, statt immer selbst alles unter Kontrolle zu haben. Es hat mir sehr geholfen, dass sie die beim Watsu ja so wichtige körperliche Nähe in ganz kleinen Schritten hergestellt hat.

Und schon bald spürte ich: Diese Kombination aus meditativem Loslassen und sanften Dehnungen tat meinen angespannten Nerven unglaublich gut. Und das 35 °C warme Wasser trug mit dazu bei nachzuspüren, wie sich meine inneren Blockaden und meine Muskelverspannungen nach und nach lösten.

Aber das vielleicht Wichtigste war für mich wohl das Gefühl, endlich einmal nicht immer nur leisten und alles tragen zu müssen, sondern getragen zu werden und Zuwendung zu bekommen. So ähnlich, stelle ich mir vor, muss es sein, wenn man noch im Leib der Mutter lebt. Da ist nur Wärme, Geborgenheit, Versorgtwerden und ein echtes Glücksgefühl.

Seelischer Stress als gewichtiger Figurfaktor

Falls Sie sich bisher damit trösten, dass Stress wenigstens schlank, Ruhe hingegen dick machte, ist Umdenken angesagt. Neue Studien zeigen nämlich eindeutig, dass vielmehr das Gegenteil stimmt: Wer unter Stress steht, nimmt leichter zu und schwerer ab. Und das nicht nur, weil wir – wie Wissenschaftler bestätigen – unter Druck am liebsten besonders süß und fett essen. Sogar, wenn wir uns trotz Stress und innerer Spannung zusammenreißen und uns ganz bewusst und fettarm ernähren, kann es passieren, dass der Zeiger auf der Waage stur stehen bleibt oder sogar nach rechts ausschlägt. Schuld daran ist einmal mehr das Stresshormon Cortisol, das unter anderem auch den Fettabbau im Körper bremst und die Einlagerung von Fettgewebe im Bauchraum fördert.

Viel Ruhe und Schlaf

Entspannte Menschen sind oft eher schlank. Britische Forscher testeten die Auswirkung von geistigen Anstrengungen auf unseren Appetit. Sie teilten die Teilnehmer in drei Gruppen ein: Die eine sollte 45 Minuten lang gar nichts tun, außer zu relaxen; die zweite einen komplizierten Text lesen, die dritte Denksportaufgaben lösen. Und siehe da – die »Faulenzer« hatten nach dem Experiment am wenigsten Hunger und griffen entsprechend bescheidener zu. Übrigens: Auch Menschen, die gut schlafen, machen oft eine bessere Figur als Leute, die sich nur wenig Schlaf gönnen oder deren Nachtruhe gestört ist. Wissenschaftler der Universität Cleveland in den USA konnten nach Studien mit fast 70 000 Frauen nachweisen, dass Testpersonen mit weniger als fünf Stunden Schlaf ein um 15 Prozent höheres Risiko für Übergewicht hatten als die Frauen mit mindestens sieben Stunden Nachtruhe. Und das, obwohl die Kurzschläferinnen sogar im Schnitt weniger aßen als die Langschläferinnen! Stressabbau lohnt sich also auch für unsere Figur.

Auch wer öfter mal lacht, ist entspannter und hat weniger Pfunde auf den Hüften. Tests eines Teams der Vanderbilt-Universität in den USA ergaben: Leute, die täglich etwa 15 Minuten lachen, verbrennen im Durchschnitt 20 Prozent mehr Kalorien als ganz Ernsthafte. Auf's Jahr gerechnet, kann man allein durch Lachen also zwei Kilo Gewicht verlieren. Schöner Nebeneffekt: Herzhaftes Lachen senkt den Cortisolspiegel im Blut.

Stressabbau durch gute Gedanken

»Der Mensch ist nichts anderes, als was er selbst aus sich macht« – dieser kluge Satz stammt vom französischen Schriftsteller und Philosophen Jean-Paul Sartre. Aber auch viele andere Philosophen und Esoteriker vertreten die Ansicht, dass wir mit dem, was wir über uns selbst denken, großen Einfluss auf unsere persönliche Realität haben. Überlegen

Gedanken, die Stress erzeugen	Gedanken, die Stress abbauen
Ich muss besser sein als die anderen.	Ich bin so gut, wie ich kann.
Es ist schlimm, wenn ich Fehler mache.	Ein Fehler kann jedem passieren.
Ich mache alles falsch.	Ich kann vieles gut, manches nicht so gut – wie jeder Mensch.
Immer hängt alles an mir.	Ich bespreche mit den anderen, was sie mir abnehmen können.
Wenn man mich schlecht behandelt, hab ich es wohl nicht besser verdient.	Ich habe Respekt verdient wie jeder andere auch.
Andere sind besser – schöner – klüger als ich.	Ich habe Stärken und Schwächen wie jeder andere auch.
Ich muss immer freundlich sein.	Ich allein darf entscheiden, wann und zu wem ich nett bin.
Wenn ich Kritik äußere, verärgere ich andere nur.	Ich sage meine Meinung auf angemessene Weise und stehe für mich ein.
Trauen kann ich nur mir selbst.	Es gibt Menschen, auf die ich zählen kann.
Es ist wichtig, dass ich bei allen beliebt bin.	Mir ist wichtig, dass mich die Menschen mögen, die auch mir sympathisch sind.
Wenn ich's nicht mache, macht es niemand.	Ich teile mir die Arbeit ab sofort mit anderen.
Ich muss alles schnell schaffen, was man von mir verlangt.	Ich erledige, was ansteht, nacheinander.
Wenn andere mich wirklich kennen würden, würden sie mich sicher ablehnen.	Andere schätzen an mir Seiten, die ich selbst vielleicht ganz kritisch sehe.
Ich werde es nie schaffen, mich zu ändern.	Wenn ich mich ändern möchte, schaffe ich das auch Schritt für Schritt.

Sie selbst einmal: Wenn sich jemand hässlich findet, wird er sich auch nicht viel Mühe mit seinem Aussehen machen, sich nicht schön anziehen und attraktiv zurechtmachen – also wirkt er vermutlich dadurch tatsächlich eher unattraktiv. Sind wir überzeugt, eine Leistung erfolgreich zu meistern, gelingt uns das häufig auch. Die Kraft der Gedanken ist also groß! Umso besser, wenn wir sie nutzen, um uns und unserer Seele Gutes zu tun.

Positive Gedanken fassen

Schauen Sie sich einmal die obenstehenden Beispiele für stressende und aufbauende Gedanken an. Sie können anhand der Liste auch Ihre ganz persönlichen negativen Gedanken und deren positive Entsprechungen formulieren. Machen Sie sich die positive Sichtweise immer wieder bewusst. Achten Sie darauf, wie sich Ihr Befinden verändert und wie andere Menschen auf Sie reagieren.

Ängste und Depressionen – ein Fall für den Arzt

Jeder Mensch hat Zeiten, in denen er sich mutlos und scheinbar grundlos traurig fühlt. Solche Tiefs kennen wir alle und finden in der Regel alleine wieder heraus. Meistens genügt es uns, mit einem vertrauten Menschen zu sprechen, in den Arm genommen zu werden oder etwas zu tun, was uns wieder aufbaut und uns Freude macht. Werden aber Ängste oder Traurigkeit so beherrschend, dass sie unser Leben beeinträchtigen, ist professionelle Hilfe nötig. Wer vor Panikgefühlen kaum noch vor die Tür gehen kann, sich immer mehr zurückzieht oder gar öfter an Selbstmord denkt, der schafft es aus eigener Kraft meistens nicht mehr, seine Ängste oder Depressionen zu besiegen.

Hilfe suchen und annehmen

In sehr vielen Fällen stecken hinter solchen schwerwiegenden seelischen Problemen Konflikte und Erlebnisse, deren Aufarbeitung unsere Seele überfordert. Auch dann ist es sinnvoll, wenn man sich so oft und tief wie möglich entspannen lernt, ausreichend ist das als Hilfe jedoch nicht! Suchen Sie daher

Beklemmungen oder Panik in engen Räumen oder Menschenmengen – bei solchen Angststörungen hat eine Verhaltenstherapie eine sehr hohe Erfolgsaussicht.

Ängste: Eine Patientin erzählt

Claudia M. (45), Verkäuferin in einem Teeladen

Schon seit ich denken kann, hatte ich panische Angst vor geschlossenen und engen, dunklen Räumen. Wenn mir vor zehn Jahren jemand gesagt hätte, dass ich kurze Zeit darauf in einem wirklich winzig kleinen Laden und noch dazu mitten in einem Einkaufszentrum arbeiten würde, hätte ich ihn für verrückt erklärt.

Doch tatsächlich mache ich genau das nun schon seit Jahren, acht Stunden am Tag – und fühle mich pudelwohl damit. Für mich ist das wie ein Wunder, denn früher hätte ich das keine halbe Stunde ausgehalten: Die Enge und die relative Dunkelheit hier, die vielen Menschen im Laden und rundherum – nein, das war völlig undenkbar.

Die Wende kam dann vor ein paar Jahren bei einem ausführlichen Gespräch mit einem Arzt. Er machte mir Mut, meine Ängste in Angriff zu nehmen, und erklärte mir, dass solche Phobien mit einer kombinierten Gesprächs- und Verhaltenstherapie oft sehr gut und relativ schnell besiegt werden können.

Es dauerte noch ein bisschen, bis ich schließlich mit seiner Hilfe eine geeignete Therapeutin fand. Aber das brachte mir dann endlich Erleichterung. Natürlich war es nicht immer einfach, denn ich musste mich ja meinen Ängsten stellen, statt sie zu vermeiden. Allerdings mit der Hilfe der Psychotherapeutin, die mich einige Male sogar begleitete, damit ich die Angst machenden Situationen durchstand. Und es hat sich gelohnt, denn ich lernte dabei, Schritt für Schritt die Situationen, die mir große Angst machten, auszuhalten.

Heute bin ich die Ruhe selbst und fühle mich auch in sehr kleinen Räumen kein bisschen unwohl. Allerdings habe ich in meiner Therapie nicht zuletzt auch Entspannung durch autogenes Training gelernt und verstanden, dass ich achtsam mit mir und meinen Kräften umgehen muss, wenn es mir gut gehen soll. Ich achte heute sehr darauf, Stress rechtzeitig durch Dinge auszugleichen, die mich entspannen und mir Spaß machen. Natürlich bin ich manchmal, wie wohl jeder Mensch, auch nervös. Aber dann mache ich es wie meine Kunden: abwarten und Tee trinken.

so bald wie möglich einen Arzt oder Psychotherapeuten auf, wenn Sie folgende Anzeichen bei sich bemerken:

- Zunehmender Rückzug aus dem Bekannten- und Freundeskreis
- Appetit- und/oder Schlaflosigkeit
- Auffallendes Desinteresse an Dingen und Menschen, die Ihnen früher wichtig waren
- Ängste bis hin zur Panik, die durch keinen realen Anlass begründet sind (z. B. starke Angst vor öffentlichen Verkehrsmitteln, Menschenmengen, den eigenen Gedanken)

- Ständige Gefühle von Sinn- und Ausweglosigkeit
- Gedanken an Selbstmord

Wichtig zu wissen

Glücklicherweise sind heute Angststörungen und Depressionen oft relativ leicht in den Griff zu bekommen. Ein guter Arzt wird Sie in solchen Fällen zu einem Psychotherapeuten überweisen und mehr tun, als Ihnen nur Tabletten zu verschreiben.
Allerdings können bestimmte Medikamente vorübergehend oder begleitend zu einer Therapie durchaus sinnvoll und hilfreich sein.

Versuchen Sie aber niemals auf eigene Faust, sich mit einem Mittel über schwere seelische Tiefs hinwegzuhelfen.

Sich selbst gut zusprechen

Machen Sie sich selbst Mut, sooft Sie nur können und mögen. Das klappt mit sogenannten Affirmationen besonders gut – das sind positiv formulierte Sätze, die uns selbst Zuspruch geben.

Wenn Sie zum Beispiel sehr nervös oder ängstlich sind, kann es helfen, dass Sie sich häufig hintereinander sagen: »Ich bin ruhig

Alles grau statt bunt? Wenn man selbst einen schönen Anblick wie eine farbige Blumenwiese beim besten Willen nicht mehr genießen kann, ist die Seele in Not und benötigt Hilfe.

Depression: Eine Patientin erzählt

Maren B. (44), Kriminalbeamtin aus Berlin und Mutter von drei Kindern

Voller Einsatz im Job beim Innendienst der Polizei, dazu zu Hause Dauerstreit, eine schwerkranke Mutter, Zwillinge im schwierigsten Alter – ich meinte immer, das alles locker »wuppen« zu müssen.

Auch für Bekannte, Freunde, Nachbarn und Kollegen war ich immer da und ansprechbar; viele luden ihren Kummer und ihre Sorgen bei mir ab. Ich tat es ja gern, aber ohne es richtig zu merken, blieb bei alledem für mich kein Raum.

Das hielt ich lange für ganz normal. Natürlich war ich oft erschöpft, aber ich maß dem keine besondere Bedeutung bei. Mit der Zeit kamen dann erst Schlafstörungen und Nervosität, später plagten mich abwechselnd Ängste und Phasen von völliger Niedergeschlagenheit. Ich veränderte mich – und meine Kollegen machten mich schließlich darauf aufmerksam, dass ich einem Zusammenbruch entgegensteuerte und dass meine zunehmende Verschlossenheit und Traurigkeit nicht mehr gesund waren. Geduldig überzeugten sie mich davon, dass ich mir unbedingt professionelle Hilfe suchen müsse.

So kam ich dann zu einer Psychotherapeutin, mit der ich zwei Jahre lang an den Ursachen und Folgen meiner Depression arbeitete. Neben den Gesprächen half mir in der ersten Zeit auch ein Johanniskrautpräparat, das nach einigen Wochen meine Stimmung spürbar verbessert hat. Ich lernte in der Therapie, mir nicht mehr zuzumuten, als ich wirklich verkrafte, und viel mehr auf mich und meine Bedürfnisse zu achten.

Ich gönne mir jetzt Entspannungspausen, gutes Essen und spreche aus, wenn mich etwas belastet. Seitdem ich mit mir selbst so gut umgehe wie mit anderen, fühle ich mich richtig gut!

und gelassen.« Es spielt keine Rolle, ob Sie das in dem Moment wirklich glauben! Sprechen Sie einfach innerlich immer wieder diesen – oder einen ähnlichen – Satz langsam und beruhigend vor sich hin. Sind Sie alleine, können Sie natürlich auch laut sprechen. Sie werden sehen, es wirkt.

Nutzen Sie je nach Ihrer Situation diese Affirmationen, um zu entspannen und sich besser zu fühlen. Hilfreiche Sätze können zum Beispiel sein:

- »Ich schaffe das.«
- »Alles wird gut gehen.«
- »Die Welt ist mir wohlgesinnt.«
- »Ich habe Vertrauen.«
- »Ich werde gemocht.«
- »Ich bin wertvoll.«
- »Ich kann meine Ziele erreichen.«
- »In mir steckt viel Kraft.«

Seelisch aus dem Lot wegen körperlicher Störungen

Häufig sind es seelische Belastungen, die uns krank machen – manchmal ist es aber auch umgekehrt. Dann sind seelische Beschwerden die Folge einer körperlichen Erkrankung, einer hormonellen Störung oder eines Mangels.
Wenn Sie also zu den Glücklichen zählen, die beruflich und privat ziemlich zufrieden sind, und dennoch unter typischen Stresssymptomen oder seelischen Störungen leiden, lohnt es sich, die Ursache möglichst bald vom Arzt klären zu lassen.
Zur Panik besteht kein Grund, zur Vorsicht aber schon, denn in Einzelfällen könnte auch eine ernstere Krankheit der Grund für Ihre Beschwerden sein. Und je eher sie behandelt wird, desto schneller bessert sich auch Ihr Gesamtbefinden.

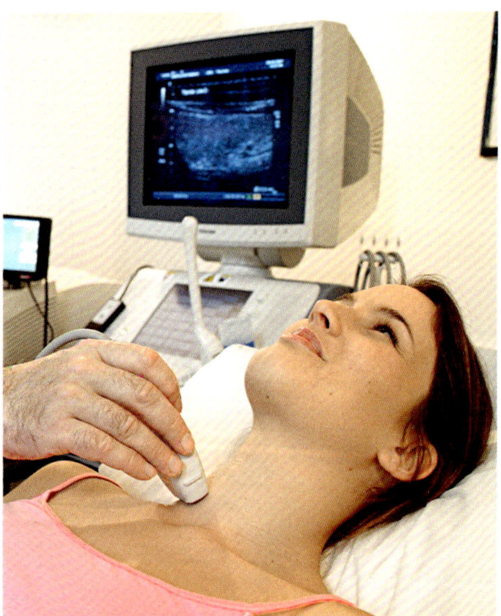

Die Untersuchung der Schilddrüse kann bei starken Stimmungsschwankungen eventuell eine organische Störung als Ursache ausmachen.

Schilddrüsenstreik und die Folgen

Vor allem Frauen ab Mitte 40 kennen das: Gewichtszunahme trotz bewusster Ernährung, Erschöpfung und depressive Verstimmungen, Reizbarkeit, Nervosität, Appetitmangel oder Gewichtsabnahme ohne Diät plagen viele. Dahinter können verschiedene Gründe stecken, zum Beispiel die sogenannten Wechseljahre. Wenn die Seele plötzlich Sorgen macht, kann es sich aber auch um eine Fehlfunktion der Schilddrüse handeln. Mediziner schätzen, dass etwa jeder Dritte an solchen Störungen der Schilddrüse leidet, ohne es zu ahnen.

So klein das Organ in unserem Hals, so groß ist seine Bedeutung: Ist die Schilddrüse gesund, regelt sie viele Vorgänge im Körper völlig unbemerkt: Sie versorgt den Organismus mit Schilddrüsenhormonen, die fast alle Stoffwechselvorgänge entscheidend beeinflussen. Aber auch Herzschlag, Körpertemperatur, Muskelfunktion und besonders auch unser Seelenzustand hängen nicht zuletzt von einer normalen Produktion der 25 bis 30 Gramm leichten Drüse ab. Ist sie gestört, treten scheinbar unerklärliche und sehr unangenehme Beschwerden auf, die sich aber leicht behandeln lassen, wenn erst mal die Ursache erkannt ist.

Schilddrüsenerkrankung: Eine Patientin erzählt

Tanja S. (39), Buchhändlerin

Als das neue Jahr bei mir mit Dauermüdigkeit, schnellem Erschöpftsein und häufigen Schwächezuständen begann, schrieb ich das dem gerade überstandenen Weihnachtsstress zu und dachte mir, das gebe sich wieder. Aber als der Frühling kam, ging es mir noch immer nicht besser. Ganz im Gegenteil: Schon kleinste Anstrengungen machten mich völlig fertig. Wenn ich die Einkaufstüten in den 5. Stock getragen hatte, musste ich mich erst mal hinlegen. Oft hatte ich auch das Gefühl, wie auf Watte zu gehen, so schwach fühlten sich meine Beinmuskeln an. Und obwohl ich kaum noch Lust zum Essen hatte, nahm ich obendrein innerhalb von einer Woche fünf Kilo zu.

Trotzdem dachte ich mir zunächst nichts weiter. Ich naschte eben weniger und dachte mir ansonsten, da muss ich halt durch, erschöpft ist jeder mal. Auch als im Juni noch starkes Hautjucken zu meinen anderen Beschwerden hinzukam, wurde ich nicht stutzig. Und nicht einmal die immer häufigeren depressiven Verstimmungen brachten mich zum Arzt.

Erst ein Fastzusammenbruch machte mir klar, dass was nicht stimmte. Das war schlimm – mitten im voll besetzten Laden bekam ich auf einmal schweres Herzrasen und ganz weiche Knie. Mir wurde schwarz vor Augen, ich hatte Panik, und es fühlte sich an wie ein Kreislaufkollaps. Mein Chef brachte mich dann zu einer Ärztin. Zum Glück! Denn sie machte ein Blutbild und stellte fest, dass ich zu wenige Schilddrüsenhormone habe. Eine Ultraschalluntersuchung gab dann endgültig die Gewissheit: Ich habe eine Unterfunktion.

Nun nehme ich ein Präparat, das langsam stufenweise angepasst wird. So kommt nach und nach der Spiegel meiner fehlenden Schilddrüsenhormone wieder ins Gleichgewicht. Seitdem ich das Medikament nehme, geht es wirklich steil aufwärts. Am Anfang war mir tagsüber noch oft schwindelig und schwach zumute, erst abends ging es mir dann gut. Inzwischen fühle ich mich aber schon morgens fast wieder so fit wie früher. Auch meine Stimmung ist wieder stabil, ich fühle mich nicht mehr deprimiert und erschöpft.

Wann müssen Sie zum Arzt?

Meistens steckt keine organische Ursache hinter Beschwerden wie Herzrasen, Schwindelgefühlen, Zittern, Unruhezuständen, ungewöhnlicher Müdigkeit oder Antriebslosigkeit. Trotzdem ist es bei körperlichen Störungen dieser Art wichtig, sich vom Arzt untersuchen zu lassen. Nur er kann abklären, ob eine Erkrankung der Grund für Ihre Beschwerden ist, die behandelt werden muss. Aber selbst wenn er keine körperlichen Ursachen findet – der Weg zum Arzt lohnt auf jeden Fall, denn er kann Sie darüber beraten, welche Schritte für Sie zunächst am besten sein können.

So helfen Sie der Seele auf die Sprünge

Wissenschaftliche Forschungen haben es bewiesen: Regelmäßige körperliche Bewegung und besondere Entspannungstechniken können Seelenleid, Stress und Kummer lindern. Worauf es dabei besonders ankommt, erfahren Sie in diesem Kapitel.

Die Seele liebt Bewegung

Wer gestresst ist, braucht Ruhe? Das stimmt nicht immer. Natürlich macht es Sinn, wenn Sie es sich zum Abschalten auf dem Sofa gemütlich machen und etwas lesen, Musik hören oder einfach nur träumen. Und auch der Rückzug in Ihr Inneres – zum Beispiel mit Meditation oder Yoga – tut der Seele wohl. Doch manchmal kann zu viel Ruhe den Stress sogar noch verschlimmern.

Warum ist das so? Ganz einfach: Wir können den bei Anspannung und Belastung erhöhten Spiegel der Stresshormone Adrenalin und Cortisol nicht mehr ausreichend abbauen, sodass sie unseren Organismus quasi »überfluten«. Das verursacht neue Stresssymptome wie Nervosität oder gar Angstgefühle, die wiederum die vermehrte Ausschüttung der beiden Hormone anregen. So entsteht ein Teufelskreis, der sich durch Ruhe nicht mehr unterbrechen lässt, weil der Organismus eine Möglichkeit braucht, den Überschuss an Adrenalin und Cortisol zu verbrauchen und loszuwerden.

Das natürliche Gleichgewicht wiederherstellen

An diesem Punkt kommt daher buchstäblich Bewegung ins Spiel. Denn sie ist das beste Mittel, Adrenalin und Cortisol auf gesunde Art abzubauen und das natürliche Gleichgewicht wiederherzustellen. Vielleicht haben Sie selbst auch schon mal erlebt, dass ein strammer Spaziergang Ihnen guttut, wenn Sie sich besonders geärgert haben? Oder erinnern Sie sich, wie gut Sie einschlafen konnten, wenn Sie den ganzen Tag körperlich aktiv waren. Es gibt auch Menschen, die entspannen, indem sie Holz hacken, putzen oder ihre Wohnung umräumen.

Sport zur Stressbewältigung

Im Grunde ist es gar nicht so wichtig, was man tut – Hauptsache, man bewegt sich. Mit vielen Sportarten können Sie sehr gezielt dem Stress und seinen unangenehmen oder belastenden Symptomen entgegensteuern. Das gilt vor allem, wenn Sie sich an der frischen Luft bewegen und einen Ausdauersport wie Laufen, Walken oder Schwimmen ausüben. Der Körper bekommt dabei mehr Sauerstoff, Muskeln und Nervenzellen werden stimuliert.

Das hat gleich mehrere Vorteile für Ihre Seele: Sie bauen den auf Dauer krank machenden Überschuss an Adrenalin und Cortisol ab, stärken den Körper und beugen gleichzeitig Unwohlsein und Krankheit vor. Denn ein Körper, der gut in Form ist, reagiert auf Beanspruchungen und Anspannung auch weniger gestresst.
Die Folge ist nicht zuletzt: Sie werden in belastenden Situationen gelassener bleiben und regen sich nicht mehr so schnell auf.

Wandern und Walking in der schönen Natur – da geht einem doch das Herz auf! Und noch mehr Spaß macht es sicherlich, wenn man dieses Erlebnis mit anderen teilen kann.

Ob allein oder zu zweit, das Laufen an der frischen Luft macht den Körper fit und die Seele ausgeglichen. Wissenschaftler haben herausgefunden: Joggen hilft sogar bei Angstzuständen und Depressionen.

Bewegung kann glücklicher machen

Allein das Gefühl, sich endlich aufgerafft zu haben, schafft schon gute Laune. Sie werden sich zufrieden und glücklich fühlen, dass das regelmäßige Training Ihre Fettpölsterchen schmelzen lässt, die Muskeln kräftigt und Stress abbaut. Dazu kommt mit der Zeit auch die Freude darüber, dass Sie Erfolgserlebnisse beim Sport haben und sich Ihre Kondition verbessert.

Dem Seelenstress davonlaufen

Sie finden Ihr Leben momentan eher »zum Davonlaufen«? Dann tun Sie doch genau das und beginnen Sie ein Lauftraining. Studien beweisen, dass unser Körper besonders beim Laufen vermehrt Endorphine und Enkephaline bildet, die man wegen ihrer nachweislich stimmungsaufhellenden Wirkung auch gerne »Glückshormone« nennt.

So konnten Göttinger Forscher in einem zehnwöchigen Versuch mit Patienten beweisen, dass Joggen bei Angstzuständen und Panikattacken so wirksam hilft wie ein chemisches Beruhigungsmittel. Untersuchungen des Instituts für Sport- und Präventivmedizin in Saarbrücken zeigten ein ähnliches Ergebnis: Die Wissenschaftler stellten sogar fest, dass Joggen speziell Panikattacken noch besser in Schach hält als Medikamente.

Vielen Patienten gelingt es, mit einem dauerhaften Bewegungsprogramm Ihre Beschwerden zu lindern und den Einsatz von Medikamenten zu reduzieren.

Auch der Berufsverband Deutscher Psychiater (BVDP) empfiehlt Sport als »wahre Wunderwaffe«, die seelischen Störungen und Erkrankungen vorbeugt und sie sogar lindern kann. Bewegung wird Ihnen guttun und die schweren Zeiten etwas leichter machen oder sie sogar ganz verschwinden lassen.

Mein Rat

Bevor Sie erstmals oder nach einer langen Pause mit Sport beginnen, sollten Sie unbedingt erst mit dem Arzt – am besten einem Sportmediziner – klären, was Sie sich zumuten können. Ganz besonders wichtig ist so ein Vorab-Check, wenn Sie über 35 Jahre alt sind, an Vorerkrankungen oder Beschwerden und Risikofaktoren wie Rauchen, Bluthochdruck, erhöhten Blutfettwerten, Diabetes, Bewegungsmangel oder Übergewicht leiden!

Erlaubt ist, was gefällt

Ob Schwimmen, Gymnastik, Wandern, Joggen, Radeln oder Walken – suchen Sie sich eine Ausdauersportart aus, die Ihnen gefällt und Spaß macht. Denn nur was Ihnen Freude bereitet, halten Sie auch auf Dauer durch – und die Regelmäßigkeit macht Sport erst wirklich wirksam und gesund. Sportmediziner befürworten ohnehin eine gewisse Abwechslung. Wechseln Sie also ruhig nach Lust und Laune die Sportart.
Dabei gilt auch die Bewegung im Alltag: Treppen steigen statt Aufzug fahren, zu Fuß zur Post, zum Supermarkt oder zum Briefkasten gehen, mit dem Fahrrad Einkäufe erledigen, Tanzen und schnelles, zügiges Spazierengehen – all das ist Sport und trägt dazu bei, Ihre Bewegungsbilanz zu verbessern.

Wichtig für Anfänger

- Es geht nicht um Hochleistung und nicht um neuen Druck! Wenn Sie schon lange nichts mehr für sich getan haben oder noch nie sportlich aktiv waren, lassen Sie es unbedingt behutsam angehen.
- Ideal für ältere Menschen und Ungeübte ist alles, was leicht zu erlernen und auszuüben ist.
- Verbinden Sie das Angenehme mit dem Nützlichen: Es gibt einige Sportarten, die dem gesamten Körper guttun und gleichzeitig große Freude machen können.
- Was Sie tun, ist Geschmackssache – Hauptsache ist, dass Sie Ihr Wahltraining regelmäßig durchführen. Denn nur kontinuierliches Training hat den gewünschten Effekt.
- Beginnen Sie langsam und steigern Sie Dauer, Häufigkeit und Intensität (in dieser Reihenfolge) nur ganz allmählich.
- Planen Sie zunächst zwei bis drei Mal pro Woche 30 Minuten Zeit ein, in der Sie eine Sportart ausüben, die Ihnen zusagt. Denn Spaß beim Sport muss sein, damit Sie

durchhalten und Ihr Training gerne machen. Müssen Sie sich hingegen ständig zu Ihren Sporteinheiten zwingen, verursacht dies eher neuen Stress, statt Sie zu entspannen und zu lockern.

Was Walking so wohltuend macht

Fit werden ohne Überanstrengung und dabei sowohl Herz und Kreislauf als auch Muskeln und die Knochen optimal trainieren: Aus gutem Grund schwören so viele Ärzte auf Walking. Zudem kann man es fast überall durchführen. Als noch effektiver gilt Nordic Walking mit Stöcken, doch auch das klassische Walking erfüllt seinen Zweck und ist noch leichter erlernbar.
In jedem Fall empfiehlt es sich, die Technik in einer Gruppe oder in einem Sportverein zu erlernen. Hat man sie »drauf«, kann man das Walking aber auch alleine jederzeit durchführen. Schauen Sie sich doch einmal in Ihrer Nähe nach einer Walking-Gruppe oder einem Sportverein um, dem Sie sich anschließen können.

Immer locker bleiben: Übungen für Rücken und Arme

Vor allem, wenn Sie bei der Arbeit überwiegend am Schreibtisch sitzen, tut Ihnen ein bisschen Bewegung zwischendurch gut. Die beiden folgenden Übungen helfen Ihnen, Nacken, Schultern und Rücken locker zu halten. Gönnen Sie sich diese Entspannungspause so oft wie möglich. Sie brauchen dazu nur etwa acht Minuten Zeit und können dabei sogar an Ihrem Tisch sitzen bleiben.

Apropos sitzen: Falls Sie überwiegend oder ausschließlich am PC arbeiten, lohnt sich die Anschaffung eines guten, ergonomischen Stuhls, an dem sich die Rückenlehne mehrfach verstellen lässt. Denn je mehr Sie Ihre Sitzhaltung verändern können, desto geringer ist das Risiko von Verspannungen.

Zum Entspannen von Nacken- und Schultermuskulatur

- Setzen Sie sich aufrecht und gerade auf Ihren Stuhl.
- Ziehen Sie den Bauch ein, während Sie dabei die Schultern möglichst tief und entspannt halten.
- Ziehen Sie die Schulterblätter zusammen und stemmen Sie die Ellenbogen fest in die hintere Stuhllehne. Dabei lassen Sie die Handflächen nach oben geöffnet.
- Bleiben Sie etwa zehn Sekunden lang in dieser Haltung.
- Anschließend lassen Sie alle Muskeln wieder locker.
- Wiederholen Sie die Übung noch viermal.

Zum Stärken der Muskeln von Rücken und Armen

- Rücken Sie mit Ihrem Stuhl dicht an den Schreibtisch heran.
- Setzen Sie sich aufrecht und drücken Sie die Handflächen von unten fest gegen die Tischplatte.

- Halten Sie wieder die Schultern möglichst tief und ziehen Sie die Schulterblätter zusammen.
- Halten Sie diese Position etwa zehn Sekunden lang.
- Anschließend lockern Sie dann wieder alle Muskeln.
- Führen Sie bis zu vier Wiederholungen dieser Übung aus.

Aller Anfang ist leicht

- Gerade dann, wenn Sie erst beginnen, sich zu bewegen, ist weniger manchmal mehr. Gewöhnen Sie sich langsam an die ungewohnte Betätigung.
- Erzwingen Sie nichts, üben Sie langsam und nur bis an Ihre persönliche Leistungsgrenze. Mit der Zeit wird die immer höher liegen.
- Haben Sie Geduld mit sich selbst! Gerade wenn Sie bisher eher ein Sportmuffel waren, brauchen Sie Zeit, um richtig in Schwung und in Form zu kommen.
- Rechnen Sie mit mindestens sechs bis acht Wochen, die Ihr Körper benötigt, um sich den neuen Anforderungen allmählich anzupassen.
- Gönnen Sie sich nach einer sportlichen Belastung auf jeden Fall immer eine ausreichende Erholungsphase, in der Sie sich ausruhen können. Sie dürfen sich ruhig ausgepowert fühlen, solange das ein angenehmes, wohliges Gefühl bleibt.
- Als Faustregel für Sportler empfehlen erfahrene Sportmediziner: Beim Laufen, Walking, Radfahren oder Schwimmen ist »langsam und locker« nicht nur gesünder, sondern auch wirksamer als »kurz und heftig« – Letzteres ist leider sehr häufig zu beobachten.

Ganz wichtig!

Achten Sie darauf, dass Sie nicht völlig atemlos durchs Ziel gehen; Sie sollten sich zum Beispiel beim Joggen oder Radfahren noch ohne große Anstrengung unterhalten und leicht atmen können. Gerade ein harmonisch fließender, müheloser Atem ist für Körper wie Seele besonders bedeutsam, wie Sie im folgenden Abschnitt ab Seite 46 lesen werden.

Es muss ja nicht gleich Mountainbiking sein: Fahrrad fahren baut generell Stress ab.

Die Seele muss »durchatmen« können

Achten Sie einmal darauf, wie sich Ihr Atem verändert, wenn Sie sich gestresst oder ängstlich fühlen: Sie werden deutlich spüren, dass Sie flach und hektisch ein- und ausatmen. Zwerchfell und Bauchmuskulatur verkrampfen sich dabei, das Lungenvolumen wird kleiner, der Atem fliegt und wirkt gepresst. Ihnen geht buchstäblich »die Luft aus«, zumindest kommt es Ihnen so vor. Tatsächlich atmen Sie viel mehr Luft ein, als Ihr Körper braucht – in extremen Fällen kann das dazu führen, dass Sie »hyperventilieren«. So nennen Mediziner es, wenn man durch zu schnelles Atmen (das heißt, man nimmt vermehrt Sauerstoff auf) zu viel Kohlendioxid ausatmet. Die Betroffenen klagen über Atemnot, ein Engegefühl im Brustkorb und den Zwang, tief einatmen zu müssen. In schweren Fällen kann es sogar zu Muskelkrämpfen (vor allem in den Händen; sogenannte Pfötchenstellung) kommen.

Unter großem Druck und extremer Anspannung bleibt einem oft scheinbar »die Luft weg«.

Stressatmung belastet den Körper

Zum Glück ist eine solche Hyperventilation zwar höchst unangenehm und für viele Menschen zusätzlich beängstigend, in Wahrheit aber absolut ungefährlich.

Viel riskanter ist dabei auf Dauer, was solches Stressatmen in Ihrem Körper und Ihrer Seele anrichtet. Denn wenn Ihnen häufiger vor Anspannung »die Luft wegbleibt«, verkrampfen und verspannen sich die Muskeln, Puls und Herzschlag erhöhen sich. Kurzum: Der Stress wird immer stärker, seine Symptome werden chronisch.

Hilfe bei Hyperventilation

Wenn Ihnen häufiger – scheinbar – die Luft wegbleibt und Sie hyperventilieren, ist es sehr hilfreich, in eine Plastik- oder Papiertüte ein- und auszuatmen. Dadurch zwingen Sie sozusagen Ihren Atem wieder »in die Spur«.

Sie stoppen die übermäßige Aufnahme von Sauerstoff und nehmen hingegen vermehrt Kohlendioxid (verbrauchte Luft in der Tüte) wieder auf.

- Halten Sie dazu die Tüte so vor den Mund, dass der Luftaustausch beim Atmen wirklich nur zwischen Ihrer Lunge und der Tüte stattfindet.
- Atmen Sie bewusst so langsam wie möglich und so lange, bis die körperlichen Symptome der Hyperventilation wieder nachlassen.

In Situationen, wo Sie mit dieser Methode unangenehm auffallen könnten, hilft es auch, langsamer zu atmen. Es braucht allerdings etwas Übung, bis man diese Vorbeugungs- und Selbsthilfemaßnahme so beherrscht, dass sie zuverlässig wirkt:

- Bei den ersten Anzeichen einer Hyperventilation beenden Sie, was immer Sie gerade tun, und setzen Sie sich hin.
- Wenn Sie mit dem Auto unterwegs sind, halten Sie auf einem Parkplatz oder einem anderen sicheren Platz an.
- Halten Sie den Atem an und zählen Sie langsam bis fünf, atmen Sie aus und sagen Sie sich innerlich: »Ich entspanne mich.« Dann atmen Sie langsam durch die Nase jeweils drei Sekunden lang ein und aus und wiederholen Sie bei jedem Ausatmen den Satz »Ich entspanne mich«.
- Nach zehn Atemzügen halten Sie den Atem wieder fünf Sekunden lang an.
- Wiederholen Sie das Ganze so lange, bis Ihre Symptome nachlassen bzw. völlig verschwinden.

Mein Rat

Atmen Sie möglichst langsam und gleichmäßig und an frischer Luft im Freien oder am offenen Fenster. Machen Sie die Übungen so oft und so lange, wie sie Ihnen guttun. Beenden Sie aber Ihr Atemtraining immer dann, wenn Sie sich dabei unwohl fühlen.

Ängste und Stress wegatmen

Der Atem ist also ein wichtiger Schlüssel zu mehr Wohlbefinden. Richtiges Atmen kann Stress vermindern und seinen Symptomen sehr wirksam vorbeugen. In Asien gehört deshalb auch die Atemtherapie seit Jahrtausenden zu den wichtigsten Methoden, Körper und Seele so zu entspannen, dass Stresssymptome möglichst gar nicht erst entstehen. Und auch bei uns bieten immer mehr geschulte Heilkundler bzw. Atemtherapeuten Kurse an, in denen man lernen kann, bewusst mit seinem Atem umzugehen und sich ein Stück weit »fallen zu lassen«.
Das tut Menschen mit Angstzuständen oder Depressionen besonders gut. Überlassen Sie sich Ihrem Atem und Sie werden spüren, wie heilsam diese Erfahrung für Sie ist.

Atemübungen für zu Hause

Für viele Menschen ist der Gang zu einem Atemtherapeuten sehr hilfreich (Informationen dazu finden Sie auf Seite 92 f.). Aber auch Selbsthilfe ist möglich: Die folgenden, von der Atemtherapeutin Andrea Elser entwickelten Übungen können Sie problemlos alleine zu Hause anwenden. Sie helfen Ihnen, sich zu entspannen und zur Ruhe zu kommen.

Zur Ruhe kommen

- Setzen Sie sich aufrecht, aber bequem und entspannt hin. Wenn Sie mögen, schließen Sie die Augen.
- Beugen Sie sich etwas nach vorne und halten Sie mit einer Hand Ihre Flanke, dort können Sie, wenn Sie die Atmung »geschehen lassen«, eine Atembewegung spüren.
- Atmen Sie aus und lassen Sie die Einatmung wie ein »Geschenk« nach innen bis in den Rücken strömen. Bauch und Brust heben sich dabei wie von alleine.
- Versuchen Sie, sich vorzustellen, Sie hätten eine Art Gürtel aus Nasen um Ihren Bauch, durch die die Luft zuerst aus- und dann wieder einströmt.

Neue Energie tanken

- Atmen Sie aus und folgen Sie Ihrem inneren Bedürfnis nach Einatmung, wenn es erscheint.
- Sagen Sie sich innerlich, dass Sie mit jedem Einatmen positive und stärkende Energie aufnehmen.
- Stellen Sie sich ein helles Licht vor, das Sie mit jedem Einatmen innerlich mehr und mehr erfüllt.
- Denken Sie an etwas Schönes wie das Meer oder einen sanft plätschernden Bach.
- Falls Ihnen das Abschalten und Entspannen anfangs schwerfällt, legen Sie sich sanfte Meditations- oder Entspannungsmusik zu dieser Übung auf. Nach einiger Zeit wird Ihnen das Entspannen auch ohne gelingen.

Stress einfach loslassen

Alles, was Sie gerade oder schon längere Zeit belastet oder schwächt – zum Beispiel Stress im Beruf, Ängste, Ärger, Sorgen oder Traurigkeit –, können Sie durch diese Atemübung nach und nach loswerden, wenn Sie sie regelmäßig durchführen.

- Setzen Sie sich bequem, aber dennoch aufrecht hin.
- Stellen Sie sich dazu beim Ausatmen vor, dass sich Ihre Probleme buchstäblich in Luft auflösen.
- Sagen Sie sich dabei innerlich, dass alles Dunkle Ihren Körper mit dem verbrauchten Atem verlässt.
- Wenn Ihnen danach ist, seufzen oder stöhnen Sie ruhig dabei.

Was Sie bei der Atemtherapie beachten müssen

Die Atemtherapie ist eine sehr sanfte Heilmethode, die normalerweise keinerlei schädliche Nebenwirkung hat. Bei ernsteren Störungen wie schwerem Asthma oder Lungenerkrankungen muss eine solche Behandlung immer mit dem behandelnden Arzt besprochen und von ihm erlaubt sein!
Das gilt natürlich erst recht bei Atemübungen, die Sie in Eigenregie zu Hause durchführen.

Das sagt die Expertin

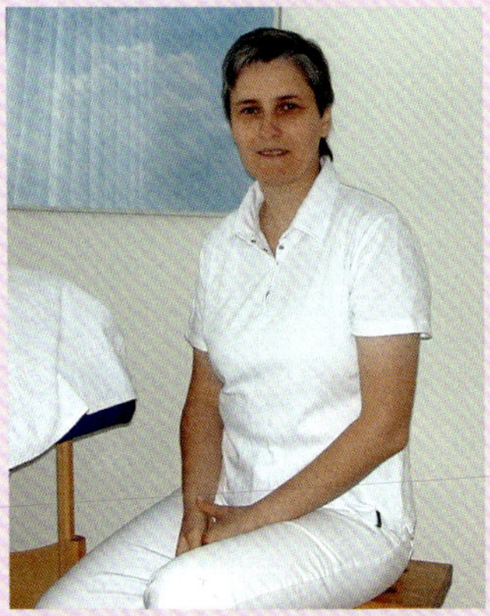

Andrea Elser, Atemtherapeutin und Heilpraktikerin in Basel und Schwäbisch Gmünd

In meine Praxis kommen Menschen mit vielerlei Beschwerden und Erkrankungen. Sehr wirksam ist die Atemtherapie natürlich zunächst einmal bei Atemwegserkrankungen mit psychosomatischem Hintergrund.

Ein Asthmaanfall zum Beispiel entsteht durch die Verkrampfung der Bronchien. Die damit verbundene Atemnot macht Angst – durch die Angst wird die Verkrampfung aber dann noch schlimmer. Hinzu kommt das häufige Gefühl, dem Asthma oder anderen Zuständen von Atemnot hilflos ausgeliefert zu sein. Doch eben das stimmt so nicht: Wer lernt, seinen Atem selbst zu lenken, entspannt sich und atmet entsprechend ruhiger.

Dieser Effekt lässt sich auch bei zahlreichen anderen Beschwerden und Erkrankungen nutzen, die mit der Atmung gar nicht in direktem Zusammenhang stehen.
Beispielsweise verengen sich bei Spannungskopfschmerzen oder bei einer Migräne ähnlich wie beim Asthma die Blutgefäße, sodass hier schon vielen meiner Patienten eine Atemtherapie große Erleichterung verschaffen konnte.
Das gilt aus demselben Grund sehr oft auch bei Rückenschmerzen und starken Muskelverspannungen.

Aber die Atemtherapie kann noch mehr, als Körper und Seele zu heilen: Sie ist außerdem ein gutes Mittel, gesundheitlichen Problemen und Störungen vorzubeugen.

In der Therapie lernt man, bewusst mit seinem Atem umzugehen und sich ein Stück weit fallen zu lassen. Bei richtiger Anleitung und ausreichend Übung kann man da kaum anders, als ruhig zu werden. Wer zum Beispiel bewusst ausatmet, trägt sich mit dem Gedanken des Loslassens, vor allem von Negativem.

Vielen meiner Patienten mit seelischen Problemen hilft es sehr, ganz bewusst atmen zu lernen und dadurch sich selbst, den Körper und die Seele wieder auf eine positive Art zu spüren. Auch Menschen, die sehr perfektionistisch sind und gerade auch im Job immer die Kontrolle haben müssen, tut es gut, diese einmal ganz abzugeben und sich ihrem Atem anzuvertrauen.

Wie Wasser die Seele heilen kann

Nicht erst seit Pfarrer Sebastian Kneipp wissen wir: Wasser kann auf Körper und Seele eine heilsame Wirkung haben. Anwendungen wie Güsse, Wickel, Saunagänge und andere Methoden aus der Balneotherapie, der Lehre von der therapeutischen Anwendung natürlicher Heilquellen und Heilgase, haben darum einen festen Platz im Repertoire aller, die Menschen bei der Bewältigung und Vorbeugung von Stresssymptomen und seelischen Störungen helfen. Schwimmen, Aquajogging, Wassergymnastik – daran haben viele Menschen mehr Spaß als an jedem anderen Sport.

Training in der »Schwerelosigkeit«

Besonders gut geeignet ist Bewegung im kühlen Nass für alle, die bereits an Rücken-, Gelenk- oder Knochenbeschwerden leiden, denn durch den natürlichen Auftrieb des Wassers können wir uns darin fast schwerelos bewegen. Das macht diese Form des Fitnesstrainings auch für Übergewichtige so schonend und dabei effektiv.

Auf Händen getragen – die AquaRelax-Methode

Einen Schritt weiter geht die noch ziemlich neue Methode AquaRelax, bei der es mehr um Entspannung als um Fitness geht. Besonders die daraus entwickelte Kombination Watsu, eine Massage- und Bewegungstherapie, wirkt bei vielen Menschen, die unter starker Anspannung und seelischen Beschwerden leiden, sehr heilsam.

Davon haben Sie noch nie gehört? Keine Sorge, selbst Fachleute auf dem Gebiet der Naturheilkunde schauen oft ratlos, wenn man sie nach Watsu fragt. Verständlich, denn diese Kombination aus der asiatischen Massagetechnik Shiatsu und einer besonderen Form von heilsamer Bewegung im Wasser, die Ähnlichkeit mit dem sanften Tai-Chi besitzt, gibt es noch nicht allzu lange. Es lohnt sich aber, sie kennenzulernen und auszuprobieren (lesen Sie dazu auch den Bericht einer Patientin auf Seite 29). Denn mit dieser ganzheitlichen Methode kann man eine sehr intensive Tiefenentspannung erreichen.

Was ist Watsu?

- Zu den Besonderheiten von Watsu gehört, dass man wie schwerelos in warmem Wasser schwebt – allein das kann bereits Anspannung und Verkrampftheit mildern.
- Der Therapeut steht dabei in brusttiefem Wasser und bewegt den Klienten nach vorgegebenen Figuren. Der Therapeut sowie Schwimmhilfen halten den Klienten dabei verlässlich über Wasser.
- Auf Basis dieses Schwebens – Watsu-Experten nennen es »Floaten« – und durch die Kombination mit den wohltuenden

Behutsam gehalten und bewegt werden im körperwarmen Wasser, das macht die noch relativ neue Methode Watsu so entspannend für Körper und Seele.

Anwendungen aus dem Shiatsu wird eine besonders tiefe Entspannung möglich.

- Da für diese Therapie ein großes Vertrauen zwischen Patient und Therapeut Voraussetzung ist, beginnt der Therapeut immer aus einer gewissen körperlichen Distanz mit der Therapie.
- Der Patient kann trotzdem von Anfang an seine volle Aufmerksamkeit und Achtsamkeit genießen und sich gleichzeitig völlig frei fühlen.
- Der Patient bleibt dabei passiv und wird durch ein spezielles AquaRelax-Kissen und eine Pool-Nudel (das ist eine lange Schaumstoffrolle, die etwa 15 Zentimeter im Durchmesser misst und im Wasser schwimmt) dabei unterstützt.
- Nach und nach geht der Therapeut zum eigentlichen Watsu über, bei dem der von der Schwerkraft entlastete Körper des Klienten passiv gedehnt und gestreckt wird – immer unter Einbeziehung des Wasser-widerstands. Die Bewegungen haben dabei eine ähnliche Wirkung wie jede andere passive Bewegungstherapie beispielsweise beim Physiotherapeuten.

Das sagt der Experte

Oliver W. Möhwald, Masseur, medizinischer Bademeister, Aquatic Bodyworker, Leiter des Ausbildungsinstituts für Aquatische Körperarbeit Sachsen und Entwickler der Methode AquaRelax

Das Besondere dieser ganzheitlichen Entspannungsmethode erklärt er in einem kurzen Interview.

Was macht diese Methode so besonders entspannend?

Wir unterscheiden zwischen Wassershiatsu (Watsu), Wassertanzen (Wata), AquaRelax und noch weiteren, etwas weniger bekannten Formen. Beim Watsu wird der Klient buchstäblich auf Händen getragen. Dieses Getragenwerden im warmen Wasser, die achtsame Berührung und die verschiedenen sanften, aber sehr wirkungsvollen Anwendungen haben eine große Tiefenwirkung. Beim AquaRelax werden zusätzliche Schwimmhilfen, ein spezielles Nackenkissen und Pool-Nudeln verwendet, auf denen der Klient schwebt. AquaRelax und Watsu können Menschen helfen, ihre Wurzeln wiederzufinden. Häufig erleben unsere Klienten beim Watsu einen ungekannten, tiefen inneren Frieden und ein Gefühl von Geborgenheit und Glück. Dadurch wächst das Urvertrauen in sich selbst, in die anderen und in die Welt an sich, und das ermöglicht eine ganz besonders intensive Entspannung von Körper, Geist und Seele.

Welchen Menschen kann Watsu besonders gut helfen?

Allen, die Entspannung suchen. Vor allem tut Watsu den Menschen gut, die unter Ängsten, Stresszuständen und psychosomatischen Beschwerden leiden. Außerdem ist Watsu besonders wohltuend für Menschen mit Muskel-, Sehnen-, Gelenk- und Wirbelsäulenbeschwerden. Wobei sich Seele und Körper ja ohnehin nicht trennen lassen. Watsu und AquaRelax können beide in ihren Wechselbeziehungen stärken und aufbauen.

Was kostet eine Anwendung in aquatischer Körperarbeit und zahlt das die Kasse?

Der Preis ist je nach Bundesland und Therapeut unterschiedlich (Adressen zur Therapeutensuche finden Sie auf Seite 92 f.). Die Einzelstunden kosten natürlich mehr als Gruppenstunden. Sehr oft tragen die Krankenkassen anteilig die Kosten für Kurse, manchmal sogar bis zu 90 Prozent. Es lohnt auf jeden Fall, bei seiner Kasse nachzufragen.

So muss sich die Seele nicht mehr »durchbeißen«

Spüren Sie doch einmal genauer hin: Sind Ihr Gesicht und Ihre Mundpartie entspannt oder verkrampft? Beißen Sie buchstäblich die Zähne zusammen, beißen Sie sich durchs Leben?

Verspannte Kiefermuskeln und ihre Folgen

Meistens wird uns lange gar nicht bewusst, dass unser Kiefer und unsere Kaumuskeln verspannt und verkrampft sind. Dabei gehört genau dieses Stresssymptom zu den häufigsten und untrüglichsten.

Unser Kauapparat hat nämlich besonders viel mit unserem seelischen Befinden zu tun; wir verkrampfen uns hier als Erstes, wenn es uns seelisch nicht gut geht. Dadurch, dass wir unsere Ängste nicht zeigen wollen und unsere Nervosität verbergen, steigt der innere Druck. Die daraus entstehenden Muskelverspannungen geben diesen inneren Druck direkt und meist völlig unbewusst an den Kiefer- und Kauapparat weiter. Dahinter steckt das sogenannte vegetative Nervensystem, also der Teil des Nervensystems, der sich nicht willentlich beeinflussen lässt.

Mediziner und Heilkundige fassen das Zähnepressen und -knirschen unter dem Sammelbegriff »Bruxismus« zusammen. Hält ein solcher Druck länger an, hat das nicht nur für die Seele, sondern auch für unseren Körper unangenehme Folgen.

Bruxismus – das Knirschen in der Nacht

Die Zähne haben bei einer entspannten Mundstellung normalerweise gar keinen Kontakt miteinander. Wenn der Mensch die Zähne zeigt oder sie eben zusammenbeißt, entstehen in der Muskulatur enorme Zugkräfte. Redewendungen wie »Ich beiß mich da durch«, oder »Ich geh auf dem Zahnfleisch« sprechen eine deutliche Sprache darüber, was bei einer solchen Haltung passiert.

Bei Stress, innerer Verspannung, Ängsten, aber auch in Zeiten höchster Konzentration kann die Spannung in Kopf- und Kieferbereich enorm hoch werden. Bei vielen Menschen ist das leider auch und gerade im Schlaf so.

Den Kiefer entspannen

Regelmäßige Kieferentspannung beugt möglichen gesundheitlichen Problemen vor, und sie kann auch das Wohlbefinden insgesamt erhöhen. Denn die vom Kiefer ausgehende Entspannung wirkt sich natürlich genauso auf unseren Organismus aus wie umgekehrt die Anspannung.
Suchen Sie Rat bei Ihrem Zahnarzt, wenn Sie eine dauerhafte Verspannung im Kiefer spüren oder den Verdacht haben, nachts mit den

Das sagt der Experte

Peter Seitz, Gesundheitsberater mit Heilpraktikerausbildung auf dem Gebiet der Energiearbeit, der Dorn-Methode und der muskulären Traumaarbeit

In meiner jahrelangen Arbeit mit Klienten habe ich immer wieder erlebt, dass die angenehmen Auswirkungen eines lockeren Kiefers sehr weitreichend sein können.
Die Zähne bleiben länger gesund, der Schlaf wird positiv beeinflusst, Spannungen im Kopfbereich lassen nach, Nacken und Rücken werden beweglicher, sogar die Verdauung reguliert sich. Und auch bei seelischen Problemen zeigt sich, dass die ungewohnte, buchstäbliche Lockerheit zum Beispiel Ängste und depressive Verstimmungen mildern kann.

Ich persönlich setze sehr auf die Selbstheilungskräfte, die jeder Mensch in sich trägt. Und ich sehe meine Aufgabe darin, sie zu wecken.

Gerade bei der Kieferentspannung ist Selbsthilfe besonders sinnvoll, weil hier viel tatsächlich viel hilft. Eine Möglichkeit der sanften Selbstbehandlung ist es, die Kieferregion ganz bewusst wahrzunehmen und dann zu »behandeln«. Massieren Sie sich zum Beispiel sehr einfach selbst liebevoll im Gesicht, an den Kiefergelenken und den Ohren.

Wann immer man die Zähne zusammenpresst, mit den Zähnen knirscht oder sich im Mundbereich verspannt, kann man versuchen, die Spannung ganz bewusst zu lösen. Manchen Menschen hilft es, den Mund grimassenartig zu verziehen und weit aufzureißen. Probieren Sie auch einmal aus, ob Ihnen Kaugummi das Lockerlassen der Mundpartie leichter macht.

Zähnen zu knirschen. Viele Zahnmediziner bieten individuell gefertigte Schienen an, die Ihre Zähne vor dem Abrieb schützen und Spannungen entgegenwirken.
Auch die Heilmethode Craniosacral Balancing®, bei der mit feinsten Berührungen an Kopf, Wirbelsäule und Körper gearbeitet wird, hilft vielen Menschen dauerhaft, ebenso wie die Osteopathie. Übungen wie Kieferstretching, -schweben, -massagen, Kräftigung der Kieferöffner und das Trainieren von Mahlbewegungen können auch sehr effektiv sein.

Erholsamer Schlaf für eine entspannte Seele

Es mag ja makaber klingen, aber wenn Sie morgens oft sagen müssen »Ich fühle mich wie gerädert«, dann hat das seine besondere Bedeutung. Nicht ohne Grund gehörte seit je der Entzug von Schlaf zu den am häufigsten eingesetzten Foltermethoden. Nicht schlafen zu dürfen oder zu können ist deshalb eine Marter, weil sich unser Körper dann von Anstrengungen und Belastungen des Tages nicht erholen kann. Wenn wir schlafen, regenerieren sich unsere Organe und Zellen; Leber und Nieren können angesammelte Gifte entsorgen.

Aber auch für die Seele ist Schlaf lebenswichtig. Sie braucht die Ruhezeit, in der sie vor Reizen geschützt ist und in der unser Gehirn bewusst und unbewusst Erfahrenes in Träumen verarbeiten und uns so entlasten kann.

Den Stress ausbremsen mit ausreichend Schlaf

Ein ruhiger, tiefer und erholsamer Schlaf ist ausgesprochen wichtig für eine gesunde, ausgeglichene Seele. Einige Krankheiten wie Infektionen, Asthma, Durchblutungsstörungen, Lungen- oder Lebererkrankungen hindern uns am Ein- und Durchschlafen. Wenn alle körperlichen Ursachen von einem Arzt ausgeschlossen sind, liegt uns vielleicht auch etwas auf der Seele, und es ist an uns, es zu ergründen und dann abzubauen.

So kommen Sie besser zur Ruhe

Setzen Sie sich nicht unnötig unter zusätzlichen Stress, weil Sie meinen, Sie müssten eine bestimmte Zahl von Stunden schlafen. Die Dauer des Schlafes ist weniger wichtig als seine Qualität.

Das Schlafbedürfnis ist bei jedem verschieden – manche Menschen brauchen ihre neun Stunden, andere fühlen sich nach sechs Stunden fit. Gehen Sie nach Ihrem persönlichen Gefühl und vergessen Sie auch nicht: Gar nicht selten meinen wir, uns schlaflos im Bett

Im Schlaf regenerieren sich Körper und Seele. Ist er gestört, hat das Folgen für unser Wohlbefinden. Zum Glück können Sie selbst viel für einen »Schlummer ohne Kummer« tun.

gewälzt zu haben, obwohl wir in Wirklichkeit nur eine Phase erleben, in der unser Schlaf leichter ist.

Einen besseren Überblick über die Qualität Ihres Schlafs und über eventuelle Probleme bekommen Sie, wenn Sie ein Schlaftagebuch führen.

Auch zwei andere wichtige Faktoren können eine Rolle spielen, wenn Sie sich im Bett wälzen:

- **Essen:** Magenknurren verzögert den Schlaf genauso wie ein zu voller Bauch. Mediziner empfehlen, die letzte große Mahlzeit ungefähr drei bis vier Stunden vor dem Zubettgehen einzunehmen. Wenn Sie dann doch hungrig sind, essen Sie nur einen kleinen Snack. Rohkost und Obst möglichst meiden, sie sind schwer verdaulich und können Ihre Nachtruhe stören.
- **Trinken:** Manche Menschen vertragen Kaffee, schwarzen und grünen Tee oder Cola trotz des Koffeingehalts auch abends gut. Falls Sie hingegen nervös davon werden, verzichten Sie lieber darauf. Auch Alkohol lassen Sie besser stehen. Es kommt Ihnen vielleicht so vor, als ob er beruhigend wirke – und tatsächlich schläft man oft auch erst mal leichter ein. Aber weil Alkohol die Tiefschlafphasen beeinträchtigt, schläft man in Wahrheit schlecht und wacht nachts leichter auf.

Mein Rat

Schauen Sie sich mal kritisch in Ihrem Schlafzimmer um: Gefällt es Ihnen eigentlich noch, fühlen Sie sich mit Möbeln, Stoffen und Farben wohl? Mögen Sie die Bilder an den Wänden, geben die Leuchten ein angenehmes Licht? Falls nein, ändern Sie die Einrichtung nach Ihrem Geschmack. Denken Sie dabei auch an beruhigende, entspannende Farben wie Grün und Blau. Probieren Sie aus, ob Sie zu den Menschen gehören, die elektrische Geräte am Bett nervös machen. Verbannen Sie für zwei oder drei Wochen elektronischen Geräte und auch Handy oder Funktelefon aus dem Raum und beobachten Sie, ob Ihr Schlaf sich bessert.

Noch ein paar wirksame Tipps für einen guten Schlaf

- **Relaxen:** Was immer Sie entspannt – tun Sie es vor dem Schlafengehen! Trinken Sie einen schlaffördernden Kräutertee (siehe auch Seite 66 ff.) oder eine warme Milch mit Honig; hören Sie eine CD mit Entspannungsmusik; machen Sie Atemübungen, autogenes Training oder progressive Muskelentspannung nach Jacobson. Übrigens: Es ist erwiesen, dass auch Kuscheln und Sex helfen können! Oder nehmen Sie sich ein gutes Buch und lesen vor dem Einschlafen; es wird Ihnen guttun. Meiden Sie vor dem Zubettgehen unbedingt Streitgespräche, aufregende Fernsehsendungen oder Filme.
- **Abwarten:** Wer sagt denn, dass Sie jeden Abend exakt zur gleichen Zeit müde sein müssen? Gehen Sie also erst dann ins Bett,

Tee statt Tabletten: Wenn Sie zum Beispiel vor dem Zubettgehen eine frisch gebrühte Tasse Melissentee trinken, schlafen Sie vermutlich viel besser – und das ganz ohne Nebenwirkungen.

wenn Sie wirklich müde sind – vorher hat es keinen Sinn.

- **Gut liegen:** Es versteht sich, dass Ihr Bett für Sie richtig bequem sein sollte! Gönnen Sie sich eventuell eine neue Matratze, falls Ihre schon ein paar Jahre alt ist oder Ihnen Rückenschmerzen und Unbehagen bereitet. Denken Sie auch daran, dass Sie einen guten Lattenrost benötigen.
- **Kühl bleiben:** Bei Hitze schläft niemand gut. Stellen Sie darum die Heizung im Winter nicht zu hoch ein; 18 bis 20 °C sind am besten für Ihr Schlafzimmer. Lassen Sie im Sommer tagsüber Vorhänge oder Jalousie unten und lüften Sie erst am Abend; so sperren Sie Hitze und warme Luft aus. Wechseln Sie Ihre Decke mit den Jahreszeiten und ziehen Sie sich nachts so an, dass Sie weder frieren noch schwitzen.
- **Wachzeiten nutzen:** Sie wachen öfter nachts auf, wälzen sich dann hin und her und werden immer nervöser? Keine gute Idee, denn das verscheucht den Schlaf erst recht und tut Ihnen nicht gut. Stehen Sie lieber auf und beschäftigen Sie sich mit etwas Angenehmem und Unaufregendem wie Blumengießen, leise Musik hören, lesen ... Hauptsache, es wirkt auf Sie beruhigend. Erst wenn Sie sich wieder müde fühlen, legen Sie sich erneut hin.

Stress vorbeugen mit Seelenhygiene

Hygiene ist für uns selbstverständlich. Wir duschen, baden oder waschen uns jeden Tag. Wir wischen und saugen Staub, putzen unsere Wohnung, reinigen unsere Wäsche und wienern die Fenster. Aber wie oft denken wir eigentlich daran, dass innere Hygiene ebenso wichtig ist für ein gesundes, angenehmes Leben ...?

Was uns stresst, was uns belastet, traurig oder wütend macht – all das ist, wenn man es genau betrachtet, eine Verunreinigung unserer Seele. Man kann diesen »Schmutz« natürlich nicht sehen. Aber wir fühlen ihn! Darum kann es nur guttun, sich eine umfassende Seelenhygiene anzugewöhnen und so dafür zu sorgen, dass Ballast sich gar nicht erst ansammelt.

Spaß statt Stress haben: Gönnen Sie sich ruhig auch einmal spielerische Auszeiten!

Wie das geht? In Folgenden finden Sie einige Ideen und Anregungen fürs Großreinemachen und anschließende Sauberhalten Ihres inneren Zentrums.

Schotten Sie sich ruhig mal ab

- Soweit es für Sie nicht beruflich notwendig ist: Überlegen Sie, ob Sie wirklich rund um die Uhr erreichbar sein wollen und müssen. Stellen Sie Ihr Handy öfter einmal aus, den Anrufbeantworter an und führen Sie am besten bestimmte Zeiten ein, während deren Sie telefonisch nicht erreichbar sind. Teilen Sie dies aber Ihren Kollegen und/oder Freunden mit.
- Sorgen Sie dafür, dass in Ihrem E-Mail-Fach nur Mails landen, die Sie auch haben möchten, und nutzen Sie Spamfilter.
- Lesen bzw. schauen Sie in Zeitungen und Zeitschriften oder im Fernseher nur noch das an, was Sie wirklich interessiert. Fühlen Sie sich durch bestimmte Themen beunruhigt oder verängstigt? Meiden Sie solche Beiträge ab sofort am besten ganz.
- Schalten Sie lästige Geräusche und Lärm aus, so gut es geht. Vielleicht nützen

Ihnen – je nach Lärmquelle und Umständen – Ohrstöpsel, Kopfhörer oder einfach ein geschlossenes Fenster?

- Lassen Sie Ihr Fernsehgerät und das Radio nicht einfach wahllos laufen und schaffen Sie sich auf diese Weise einige Momente der Ruhe.
- Schützen Sie sich vor Menschen, die Ihnen unangenehm sind. Meiden Sie Miesmacher oder Pessimisten.
- Meiden Sie ganz besonders alle Menschen, die Sie kränken oder in irgendeiner Form schlecht behandeln. Sollte das bei einem Vorgesetzten oder dem Partner der Fall sein, suchen Sie sich Hilfe (zum Beispiel beim Betriebsrat bzw. bei einer Partner- oder Trennungsberatungsstelle).

Schutz vor Seelendruck von innen

- Beschäftigen Sie sich nicht länger als nötig mit Alltagsärgernissen. Lenken Sie sich mit etwas Schönem oder Interessantem ab und bringen sich so wieder in bessere Stimmung.
- Pflegen Sie ein altes, fast vergessenes oder auch ein neues Hobby – vielleicht gibt es da ja etwas, das Sie schon seit längerer Zeit machen möchten.
- Unterhalten Sie sich bewusst möglichst oft mit Menschen, die auf Sie eine positive Ausstrahlung haben.
- Erweitern Sie Ihren Bekanntenkreis, Gleichgesinnte können Sie zum Beispiel in einem Kurs an der Volkshochschule oder in einem Sportverein finden.

Wenn Sie sich selbst zulächeln, steigen die Chancen, dass auch andere Ihnen positiv begegnen.

- Lächeln Sie anderen und auch sich selbst im Spiegel so oft wie möglich zu. Sogar wenn Ihnen gar nicht danach ist – nachweislich heben Sie damit Ihre Stimmung.
- Lernen Sie, das Lob und die Anerkennung von anderen anzunehmen.
- Überlegen Sie möglichst oft, was Ihnen an Ihrem Leben alles gefällt und wofür Sie dankbar sind.
- Grübeln Sie nicht über Ihre begangenen Irrtümer und Fehler nach. Seien Sie nachsichtig mit sich selbst.

Sanfte Heilung für die Seele

Von der Lieblingsmusik über den Kräutertee bis zur Pflanzenheilkunde: Was uns Freude bringt oder guttut, macht auch die Seele gesünder und glücklicher. Daher ist es so wichtig, dass wir liebevoll, achtsam und respektvoll mit uns selbst umgehen und uns möglichst viele Dinge gönnen, die uns stärken und uns Lust am Leben geben.

Liebe zu sich selbst bringt die Seele ins Gleichgewicht

Mögen und schätzen Sie sich eigentlich selbst? Die Frage mag Ihnen seltsam erscheinen. Aber die Antwort verrät eine ganze Menge darüber, wie es in Ihrer Seele aussieht. Überlegen Sie mal: Wenn Sie jemand anderen sehr mögen oder lieben, versuchen Sie doch, ihm oder ihr das Leben so angenehm und leicht wie möglich zu machen. Sie achten darauf, dass es einem geliebten Menschen möglichst gut geht, dass er sich wohlfühlt, und Sie raten ihm vielleicht bei passender Gelegenheit auch, gut auf sich zu achten und sich nicht zu überlasten und zu überfordern. Mit uns selbst aber sind wir oft weit weniger liebevoll. Das ist schade, denn nicht umsonst heißt es bereits in der Bibel »Liebe deinen Nächsten wie dich selbst«. Man muss keineswegs gläubig sein, um diesen Rat für sinnvoll zu halten, gesunder Menschenverstand genügt völlig. Es liegt auf der Hand, dass jemand, der sich selbst achtet und schätzt, auch gut und sorgsam mit sich und seinen Kräften umgeht.

Wer gestresst und sehr angespannt ist, achtet im Allgemeinen zu wenig auf die Signale seiner Seele. Dabei sind Symptome wie Reizbarkeit, innere Unruhe, häufige Stimmungsschwankungen, Schlafstörungen, Ängste, depressive Verstimmungen, Dauerhektik oder Antriebslosigkeit oft nicht zu übersehen.
Und sie bringen eine Chance mit sich: Wer sie und damit sich selbst ernst und wahrnimmt, macht den ersten Schritt auf dem Weg zu mehr Wohlbefinden. Mit einer gesunden Selbstliebe, die mit Selbstverliebtheit nichts zu tun hat, werden Sie herauszufinden:
Was tut mir gut und was nicht? Womit fühle ich mich entspannt? Was macht mich ausgeglichen? Was nimmt mir Stress und eventuelle Ängste?
Je besser Sie so sich selbst und Ihre Bedürfnisse kennenlernen, desto effektiver können Sie sich selbst dabei helfen, quälende Symptome und Zustände nach und nach zu lindern und schließlich ganz zu beseitigen.

Wie gut gehen Sie mit sich selbst um?

Um sich selbst mehr Bedeutung zu geben und einen Platz einzuräumen, kann Ihnen die Checkliste auf Seite 63/64 helfen, genauer hinzuschauen. Kreuzen Sie an, was am ehesten als Antwort auf die jeweilige Frage zutrifft.

Das bedeutet Ihre Auswahl in der Checkliste

- Je öfter Sie »Stimmt« ankreuzen konnten, desto freundlicher und achtsamer gehen Sie mit sich selbst um und umso weiter sind Sie schon auf Ihrem Weg zu Wohlbefinden und Gelassenheit. Bleiben Sie dabei und achten Sie darauf, dass Sie an ihren positiven Einstellungen und Verhaltensweisen festhalten.

So gehe ich mit meinen Bedürfnissen um

Aussage	Stimmt	Stimmt manchmal	Stimmt nicht
Ich schlafe regelmäßig mindestens sieben bis acht Stunden.			
Wenn ich müde oder erschöpft bin, weiß ich, was mir jetzt am besten hilft, und tue (oder lasse) es.			
Ich nehme mir immer Zeit und Muße zum Essen, auch im Job.			
Bei Genussmitteln wie Alkohol, Zigaretten und Süßigkeiten halte ich Maß und achte darauf, dass es mir rundum gut damit geht.			
Ab und zu erlaube ich mir, auch einfach mal nur zu faulenzen und nichts zu tun.			
Hausarbeit und andere Routineaufgaben zu Hause oder im Beruf teile ich nach Möglichkeit mit anderen.			
Ich kenne und praktiziere eine Entspannungstechnik.			
Ich habe ein oder mehrere Hobbys und nehme mir Zeit dafür.			
Ich kann gut mit mir allein sein und fühle mich wohl und geborgen dabei.			
Ich nehme alle meine Gefühle ernst und erlaube sie mir.			
Wenn ich mich ärgere, äußere ich meine Gefühle und schlucke meinen Ärger nicht runter.			
Wenn ich traurig bin, lasse ich mein Bedürfnis zu weinen zu, ohne mich dafür zu schämen.			
Ich weiß sehr gut, wann ich Entspannung brauche und wie ich sie mir beschaffe.			
Wenn ich einen Fehler mache, kann ich dazu stehen und werfe mir selbst nichts vor.			
Wenn ich neue Aufgaben erfüllen muss, mache ich mir selbst Mut.			
Konstruktive, nicht verletzende Kritik kann ich gut annehmen.			
Ich finde mich selbst attraktiv und tue so viel für mein Äußeres, dass es so bleibt und ich mich rundum wohl dabei fühle.			
Wenn mir etwas gut gelingt, kann ich mich selbst loben.			
Ich weiß genau, welche Stärken ich habe.			

Fortsetzung Seite 64

Fortsetzung der Checkliste von Seite 63

So gehe ich mit meinen Bedürfnissen um

Aussage	Stimmt	Stimmt manchmal	Stimmt nicht
Ich kenne meine Schwächen und vertraue darauf, dass ich immer besser damit umgehen lerne.			
Ich höre auf mein Bauchgefühl und meine innere Stimme.			
Wenn mich jemand beleidigt, kann mich das nicht in meinem Inneren erschüttern.			
Ich habe Menschen, denen ich vertraue und die mir vertrauen.			
Ich pflege Freundschaften regelmäßig.			
Ich lache gern und oft.			
Es gibt kaum eine Lebenslage, an der ich nicht irgendetwas Positives oder Sinnvolles sehen kann.			
Lieber bin ich allein als mit Menschen zusammen, die mir schaden oder mit denen ich mich unwohl fühle.			
Unstimmigkeiten und Meinungsverschiedenheiten versuche ich einvernehmlich zu klären, ohne mich dabei jemandem zu unterwerfen.			
Wenn mir eine Beziehung auf Dauer nicht guttut, beende ich sie.			
Ungerechtigkeit und unfreundliche Behandlung weise ich höflich, aber bestimmt zurück.			
Mir fällt es leicht, auch mal »nein« zu sagen.			
Falls ich mal etwas nicht schaffe, stelle ich mich nie selbst in Frage, sondern weiß: Nächstes Mal klappt es wieder.			

- Falls Sie das Kreuz doch häufig bei »Stimmt nicht« gemacht haben, nehmen Sie das als Startsignal, ab heute besser für sich zu sorgen. Der erste Schritt dazu: Tappen Sie nicht wieder in die Falle, indem Sie sich für Ihr scheinbares »Versagen« selbst beschimpfen, sondern ermutigen Sie sich innerlich, es nun anders als bisher zu machen. Legen Sie sich die Checkliste im Abstand von etwa drei bis sechs Monaten immer mal wieder vor – und Sie werden sehen, dass Sie Fortschritte machen!
- Haben Sie überwiegend »Stimmt manchmal« gewählt, sind Sie schon auf dem richtigen Weg. Schauen Sie die Checkliste ganz genau an: Wo können Sie Verhaltensweisen und Einstellungen noch vertiefen oder konsequenter einhalten, damit Sie beim nächsten Mal »Stimmt« ankreuzen können.

Selbstwertgefühl entwickeln

Von wegen »Ich will so bleiben, wie ich bin«! Werbung hin, Wunschdenken her: Gerade wir Frauen finden es häufig gar nicht so einfach, uns selbst gernzuhaben und gut mit uns umzugehen. Hand aufs Herz: Wann haben Sie zuletzt bewusst wahrgenommen, was Sie alles gut an sich finden? Viel eher schimpfen wir mit uns selbst: »Ich bin zu dick«, »Ich arbeite zu langsam«, »Ich schaffe nicht genug« – solche Botschaften sorgen dafür, dass wir uns immer gestresster fühlen und unsere Seele leidet. Aber keine Angst, Selbstliebe lässt sich trainieren. Probieren Sie es: Machen Sie sich Ihre äußeren und inneren Stärken bewusst und schreiben Sie sich eine Liste von allem, was an Ihnen positiv ist. Vergessen Sie dabei auch scheinbare Kleinigkeiten nicht. Loben Sie sich für Dinge, die Ihnen gut gelingen.

Tagebuch schreiben entlastet die Seele

Was immer Sie beschäftigt, ärgert, ängstigt oder wütend macht – schreiben Sie es auf! Wer seinen Kummer ins Tagebuch schreibt, fühlt sich tatsächlich erleichtert, wie jetzt Neurologen der University of California in Los Angeles nachweisen konnten. Sie fanden heraus: Wer seine Gefühle schriftlich formuliert, sorgt damit für mehr innere Harmonie und kommt mit Stress jeder Art leichter zurecht.

Musik macht ruhig und glücklich

Erinnern Sie sich, wie gut Sie als Kind eingeschlafen sind, wenn Ihre Mutter Ihnen vorgesungen hat? Kein Wunder, denn entspannende Musik regt die Ausschüttung von Oxytocin an. Dieses Hormon hängt mit Gefühlen wie Zuneigung, Liebe und Geborgenheit zusammen. Die heilsame Wirkung von Musik ist sogar nachgewiesen. Zwei Wochen lang ließen Wissenschaftler der Universität Uppsala Testpersonen ihre Gefühle in bestimmten Situationen notieren. Dabei verbrachten die Testteilnehmer mehr als ein Drittel der Zeit mit dem Hören von Musik – und es zeigte sich eindeutig: In dieser Zeit empfanden sie vorwiegend Gefühle wie Freude, Sehnsucht und Zuversicht. Angst, Ärger, Nervosität dagegen fühlten die Teilnehmer vor allem dann, wenn sie keine Musik hörten.

Ob altmodisch ins Tagebuch oder modern im virtuellen Blog: Wer seine Sorgen und Ängste schriftlich mitteilt, entlastet damit die Seele.

Pflanzen als natürliche Heilmittel für die Seele

»Dagegen ist kein Kraut gewachsen« – diesen Spruch haben wir alle schon mal gehört. Zum Glück stimmt er aber nicht, denn gegen Verstimmung, Traurigkeit, Nervosität, Unruhe und andere Befindlichkeitsstörungen hilft meist sogar mehr als nur ein Kraut, und das ziemlich zuverlässig und dabei sanft.

Beruhigender Baldrian

Schon unsere Vorfahren wussten, dass die Extrakte aus getrockneten Baldrianwurzeln innere Unruhe, Angst und Spannungszustände mildern. Auch für einen guten Schlaf kann Baldrian sorgen. Die rezeptfrei erhältlichen Baldrianpillen aus Apotheke oder Drogeriemärkten machen abends angenehm müde und verbessern die Schlafqualität. Schon eine Stunde nach der Einnahme wirkt Baldrian zuverlässig, Sie schlafen ruhiger und insgesamt tiefer. Auch tagsüber wirken Baldrianpräparate beruhigend und entkrampfend, ohne müde zu machen!

So nutzen Sie Baldrian zur Selbstbehandlung

- Übergießen Sie für einen beruhigenden, den Schlaf fördernden Tee 1 Teelöffel (2 bis 3 Gramm) Baldrianwurzel mit 150 Milliliter kochendem Wasser und lassen ihn 10 bis 15 Minuten ziehen. Diesen Tee können Sie bis zu 3-mal täglich trinken, bei Schlafstörungen am besten etwa 1 Stunde vor dem Schlafengehen.
- Für ein beruhigendes Bad bereiten Sie einen Aufguss zu. Nehmen Sie dafür 100 Gramm Baldrianwurzel und 2 Liter kochendes Wasser und lassen Sie das Ganze 10 Minuten ziehen. Geben Sie den Sud in etwa 35 °C warmes Badewasser und baden Sie darin 10 bis 20 Minuten.

Lassen Sie sich bei Unruhezuständen oder Schlafproblemen in der Apotheke über die richtige Dosierung von Baldriantinktur oder Baldrianpillen beraten. Experten empfehlen bei Einschlafstörungen, 400 bis 900 Milligramm Wirkstoff ½ bis 2 Stunden vor dem Schlafengehen einzunehmen, bei Unruhezuständen 300 bis 450 Milligramm über den Tag verteilt. Achtung: Baldriantinktur enthält – wenn auch geringe Mengen – Alkohol!

Blaues Wunder Lavendel

Aus gutem Grund nannten unsere Vorfahren den Lavendel »Nervenkräutlein«. In der Naturheilkunde weiß man schon lange, dass die tiefblau-violetten Blüten bei Einschlafstörungen und nervöser Erschöpfung sanft, aber effektiv entspannen und beruhigen. Das verdanken wir vor allem den ätherischen Ölen, die den Lavendel so angenehm duften lassen. Zusammen mit Gerbstoffen und Flavonoiden verhelfen sie nicht nur einem flatternden Nervenkostüm zu mehr Ruhe, sondern besänftigen außerdem bei nicht organisch bedingten Magen- und Darmbeschwerden, wie etwa Krämpfen.

So nutzen Sie Lavendel zur Selbstbehandlung

- Bei Schlafstörungen kann ein Kräuterkissen helfen, das sich leicht selbst herstellen lässt. Mischen Sie dafür zu gleichen Teilen getrocknete Lavendel- und Hopfenblüten sowie Melisse und füllen Sie einen kleinen Kissenbezug damit.
- Geben Sie einige Tropfen reines, ätherisches Lavendelöl aufs Kissen und auf das Laken oder lassen Sie es in einer Aromalampe verdampfen.
- Gut vor dem Einschlafen oder in hektischen Momenten ist ein Lavendeltee. Überbrühen Sie pro Tasse 1 Teelöffel getrocknete Lavendelblüten mit 200 Milliliter kochendem Wasser und lassen alles 10 Minuten ziehen. Durch ein Sieb abgießen und den Tee eventuell mit ein wenig Honig süßen.

Seelensonne Johanniskraut

Seinen deutschen Namen hat das Johanniskraut, das auch Sonnwendkraut genannt wird, vermutlich, weil es zur Sonnenwende am 24. Juni bzw. am Sankt-Johannis-Tag zu blühen beginnt. Die fröhliche gelbe Farbe dieser Blüten hält, was sie verspricht: Die Heilpflanze, lateinisch »Hypericum« genannt, gilt als Mittel der Wahl bei leichten und mittel-

Lavendel streichelt die Sinne und tut der Seele wohl. Denn die hübschen blauen Blüten enthalten ätherische Öle und andere Wirkstoffe, die nachweislich entspannen und beruhigen.

schweren Depressionen bzw. bei depressiven Verstimmungen. Auch gegen Unruhe- und Angstzustände ist dieses Kraut gewachsen; seine beruhigende Wirkung erkannte der Arzt und Philosoph Paracelsus schon im 16. Jahrhundert und gab ihm den Namen »Arnika der Nerven«.

Trotz seiner guten Wirkung sogar bei leichten und mittelschweren Depressionen gilt das Pflanzenextrakt aus Johanniskraut als sehr verträgliches und nebenwirkungsarmes Mittel, das übrigens auch bei nervöser Unruhe und Angstzuständen helfen kann. Es gibt

Mein Rat

In bestimmten Fällen kann Johanniskraut auch mehr schaden als nützen: Wer bereits chemische Antidepressiva, Gerinnungshemmer, die Antibabypille, Herzglykoside, starke Schlafmittel oder Antiepileptika einnimmt, sollte Präparate mit Johanniskraut ausschließlich mit der Erlaubnis seines Arztes anwenden. Besonders bei stärkeren und andauernden Verstimmungszuständen oder gar Selbstmordgedanken gilt: Versuchen Sie keinesfalls, sich selbst zu kurieren, sondern besprechen Sie die Einnahme eines Johanniskrautmittels mit Ihrem Arzt.

viele verschiedene Präparate – lassen Sie sich von Ihrem Arzt beraten, welches für Sie das hilfreichste ist!

So nutzen Sie Johanniskraut zur Selbstbehandlung

- Gegen leichte Stimmungsschwankungen können Sie einen Tee zubereiten. Übergießen Sie 2 Teelöffel getrocknete Blüten mit 200 Milliliter kochendem Wasser, lassen sie 10 Minuten ziehen und trinken jeweils morgens und abends 1 bis 2 Tassen.

Schlummerhilfe Hopfen

»Hopfen und Malz, Gott erhalt's!« Diese Devise gilt zumindest beim Hopfen auch unter Naturheilkundigen. Denn dass man mit einem Bier die richtige »Bettschwere« bekommt, hat schon manch einer erlebt. Das liegt jedoch weniger am Alkohol, sondern vor allem am Hopfen. Sie müssen also keinen Gerstensaft trinken, um die nachweislich beruhigende und entspannende Wirkung des Hopfens zu genießen – wenn Sie nicht wollen. Es gibt ihn auch als Tee, als Badezusatz sowie als pflanzliches Medikament. Bereits im frühen Mittelalter kannte man die zartgrünen Sprossen sowie die getrockneten Blüten bzw. Zapfenfrüchte der Pflanze als wirksame Hilfe bei Nervosität, Angstzuständen, Schlafstörungen sowie innerer Unruhe.

So nutzen Sie Hopfen zur Selbstbehandlung

- Trinken Sie für einen guten, tiefen Schlaf 1 Tasse Hopfentee vor dem Zubettgehen. Bei allgemeiner Unruhe und Nervosität hilft der Genuss von je 1 Tasse morgens und abends; bei Bedarf können Sie auch mittags noch 1 Tasse zusätzlich trinken.
- Und so bereiten Sie den Tee zu: Übergießen Sie pro Tasse 1 Teelöffel getrocknete Hopfenblüten (aus der Apotheke) mit 200 Milliliter kochendem Wasser und lassen Sie den Aufguss 10 Minuten ziehen.
- Bei Schlafstörungen, flatternden Nerven und Hitzewallungen kann ein warmes Bad mit Hopfen Wunder wirken. Bereiten Sie dafür 2 Tassen Tee zu und geben Sie den Aufguss ins Badewasser.
- Sie können stattdessen aber auch Hopfenöl aus der Apotheke nehmen, von dem Sie einige Tropfen ins Bad mischen.

Hopfensprossen können vor allem in Kombination mit anderen Kräutern den Schlaf fördern.

Melisse wirkt als Tee beruhigend. Besonders aromatisch ist frische Zitronenmelisse.

Milde Melisse

Als aromatisches Würzkraut oder Dekoration von Cocktails und anderen Getränken kennen Sie Zitronenmelisse bestimmt.

Aber wussten Sie auch, dass die hübschen Blättchen Heilkraft haben? Noch vor der Blüte gesammelt und getrocknet, enthalten die Melissenblätter Gerbstoffe, Phenolsäuren und das ätherische Öl, das sie so angenehm nach Zitrone duften lässt.

Und genau diese Wirkstoffe der Melisse lindern Schlafstörungen, Unruhezustände, Nervosität und sogar nervös bedingte Magen-Darm-Störungen.

So nutzen Sie Melisse zur Selbstbehandlung

- Kochen Sie sich einen leckeren und beruhigenden Tee. Übergießen Sie dafür 2 Teelöffel getrocknete Melisseblätter mit 150 bis 200 Milliliter siedendem Wasser, decken Sie die Tasse ab und lassen Sie die Mischung 10 Minuten ziehen. Seihen Sie den Tee durch ein feines Sieb ab und süßen Sie ihn eventuell mit etwas Honig. Diesen Tee können Sie bis zu 5-mal täglich genießen.
- Besonders schnell aufgebrüht ist Melissentee übrigens mit abgepackten Teebeuteln, die es ab etwa einem Euro in der Apotheke oder im Drogeriemarkt gibt.

Ganz entspannt mit wohltuenden Düften

In Indien und Asien hat das Heilen mit Düften lange Tradition, bei uns ist die Aromatherapie erst seit einigen Jahren verbreitet. Aber können uns Wohlgerüche denn wirklich helfen? Die meisten Schulmediziner bezweifeln das, und es gibt bisher auch kaum wissenschaftliche Beweise für eine eindeutig heilende Wirkung von Aromen. Trotzdem wissen wir alle: Wenn wir den süßen Duft von Blumen, einem Parfüm oder auch den Geruch von leckeren Speisen riechen, fühlen wir uns gleich besser und manchmal sogar richtig glücklich. Psychologen bestätigen, dass manche Menschen innerlich ruhiger werden, wenn sie den Duft von Kräutern oder Gewürzen wie zum Beispiel Lavendel, Zimt oder Vanille riechen. Und umgekehrt werden einige Menschen munter bei dem Geruch von Orangen, Zitronen und anderen Zitrusfrüchten. Auf die Seele haben Düfte also sehr wohl einen wohltuenden Einfluss.

Mein Rat

Ätherische Öle sind hochkonzentrierte Substanzen, die Haut und Atemwege reizen können. Verwenden Sie diese darum immer nur verdünnt und ausschließlich äußerlich. Manche ätherische Öle können aber selbst dann allergische Reaktionen auslösen, wenn man sie richtig anwendet. Allergiker, kleine Kinder oder Kranke zum Beispiel vertragen nicht jedes Öl. Besondere Vorsicht ist auch geboten, wenn Sie an Bluthochdruck leiden oder zu Krämpfen neigen. In all diesen Fällen und auch bei einer Schwangerschaft lassen Sie sich unbedingt vor der Verwendung von ätherischen Ölen in der Apotheke oder vom Arzt bzw. Heilpraktiker beraten.

So nutzen Sie Düfte für Ihre Seele

Was Ihnen guttut, bestimmen Sie – das gilt bei Düften und Aromen ganz besonders. Als anregend, belebend und aufheiternd empfinden viele Menschen die Düfte von Fichtennadeln, Rosmarin, Thymian, Minze, Wacholder, Rose, Rosenholz, Zitronengras, Geranium, Neroli, Bergamotte, Blutorange, Grapefruit, Iris, Mimose, Mandarine und Orange. Beruhigend wirken bei den meisten der Duft von Lavendel, Melisse, Kamille, Basilikum, Anis, Majoran, Vanille und Zimt.
Anwenden lassen sich Öle auf vielerlei Weise:

- Träufeln Sie das Öl tröpfchenweise in eine mit Wasser gefüllte Duftlampe – während der Verdunstung verbreitet sich der Duft im Raum.
- Geben Sie das Aromaöl tropfenweise und sparsam auf einen porösen Stein oder auf Ton. Der Vorteil: Er gibt den Duft sehr langsam und dezent an die Luft ab.
- Wer mag, kann beruhigende, entspannende Duftöle auch sparsam aufs Kopfkissen träufeln.
- Für ein belebendes oder entspannendes Bad geben Sie 5 bis 10 Tropfen ätherisches Öl ins etwa 37 °C warme Wasser.
- Verdünnt mit neutralem Öl, können Sie ätherische Öle auch sehr gut für eine Massage nutzen.

Wieder fit und fröhlich mit Farben

Farben können mehr als nur unser Auge erfreuen: Sie beeinflussen unsere Stimmung und haben eine direkte Wirkung auf unsere Psyche.

Wenn die Sonne strahlt, lacht die Seele

Überlegen Sie doch einmal: Wenn die Sonne scheint, fühlen die meisten von uns sich selbst in schwierigen Lebenslagen gleich wohler. Und wenn wir bunte Blumen, farbenfrohe Gemälde oder farbige Stoffe sehen, fühlen wir uns aufgemuntert.
Eine dunklere Wandfarbe wie ein warmes Braun oder Rot übermittelt uns das Gefühl besonderer Geborgenheit; eine helle Farbe an der Wand vermittelt uns das Gefühl von Weite, Frische und Elan. Bei hellem Tageslicht sind wir unternehmungslustig und tatkräftig, bei trübem Wetter oft ein bisschen träger oder vielleicht sogar »trübsinnig«. Kerzenlicht stimmt fast jeden Menschen sanfter und ruhiger, ein flackerndes Feuer im Kamin oder Ofen wärmt auch die Seele.

So nutzen Sie Farben für Ihr Wohlbefinden

Verlassen Sie sich ganz auf Ihr Gefühl und Ihren Geschmack. Nur was Sie – je nach Ausgangslage – ruhiger, gelassener oder fröhlicher stimmt, ist für Sie auch wirklich richtig. Allgemeine Regeln haben hier nur bedingt ihre Berechtigung. Probieren Sie also aus, was von den folgenden Anregungen zu Ihren Bedürfnissen passt.

- Ein sonniges Gelb gibt uns ein Gefühl von Frische, Heiterkeit, Dynamik und Aufbruchstimmung. Selbst in dunklen Räumen mit wenig Tageslicht zaubert Gelb Frohsinn.
- Orangetöne wirken anregend, stimmungsaufhellend und positiv. Sie machen Appetit, Lust auf Aktivität und Gespräche. Während ins Dunkelgelb tendierende Töne wach machen, den Geist und den Kreislauf anregen, wirkt dunkles Orange oder Terrakotta eher wärmend und gemütlich, sorgt also für eine gelassen-heitere Stimmung.
- Leuchtendes Rot regt intensiv an und weckt unsere Lebensgeister, kann aber auch aggressiv machen. Dunklere, sanfte Rottöne wie Ziegel- oder Weinrot hingegen vermitteln Geborgenheit, Wärme und Entspannung.
- »Grün ist die Hoffnung« – an dieser Volksweisheit ist wirklich etwas dran: Manche Psychotherapeuten halten ihren Warteraum in Grüntönen, weil sie Zuversicht und Beruhigung ausstrahlen.
- Blau wirkt auf die meisten Menschen beruhigend. Besonders ein dunkleres Blau ist oft eine gute Wahl, wenn Sie sehr nervös und ruhelos sind und ständig auf Hochtouren laufen!

Entspannen mit bewährten Methoden aus Ost und West

»Der Erleuchtung ist es egal, wie man sie erreicht«, sagt ein Spruch – und der Entspannung erst recht, könnte man hinzufügen. Manche Menschen schwören auf Yoga, andere auf autogenes Training und wieder andere auf Meditation. Lassen Sie sich bloß nicht irritieren: Erlaubt und wirksam ist, was Ihnen gefällt. Viele Wege führen zur Entspannung; suchen Sie sich den aus, der Ihnen am sympathischsten erscheint.

Welche Entspannungsmethode Sie auch für sich wählen, Sie erlernen sie am besten unter Anleitung und in einer Gruppe. Kurse gibt es an Volkshochschulen, die vergleichsweise günstig sind, oder aber auch bei privaten Schulen, Instituten oder in der Praxis von Heilpraktikern, Psychologen etc. (Ein paar Adressen dazu finden Sie ab Seite 92.) Natürlich können Sie einige der Methoden aus guten Ratgeberbüchern erlernen. Einige Tipps dazu finden Sie auf Seite 93.

Mein Rat

Erkundigen Sie sich bei Ihrer Krankenkasse, ob und welche Kosten sie für Entspannungskurse übernimmt. Befürwortet der Arzt einen solchen Kurs, weil Sie stark gestresst sind und Gesundheitsschäden drohen, beteiligen sich viele Kassen zumindest an Ihren Kosten für einen Kurs in autogenem Training, progressiver Muskelentspannung, Yoga oder Meditation.

Autogenes Training

Autogenes Training ist eine von dem Berliner Psychiater Johannes Heinrich Schultz entwickelte Entspannungstechnik. Beim autogenen Training entspannen Sie sich dadurch, dass Sie formelhaft Funktionen Ihres vegetativen Nervensystems – zum Beispiel Atmung, Herzschlag oder Durchblutung – ansprechen und beeinflussen. Typische Formeln sind »Ich bin ganz ruhig«, »Mein Herz schlägt ruhig und gleichmäßig« oder »Mein Atem fließt ganz ruhig und gleichmäßig ein und aus«. Das Besondere daran: Nach entsprechender Anleitung können Sie diese Methode schließlich jederzeit und an praktisch jedem Ort ausüben.

Fernöstliche Praktiken

Qi Gong und Tai-Chi sind uralte asiatische Methoden, Körper und Seele in Balance und Harmonie zu bringen und zu halten. Während Qi Gong eine chinesische Meditations- und Konzentrationsform ist, die die Kultivierung von Körper und Geist in den Mittelpunkt stellt, kennt man Tai-Chi auch unter dem Begriff des »chinesischen Schattenboxens«. Hier stehen klar umschriebene, fließende Bewegungen im Vordergrund, die der Gesundheit und Meditation dienen. Wer eine dieser Methoden dauerhaft nutzen möchte, um gesünder und glücklicher zu werden, lernt sie am besten von Grund auf. Nur so lässt sich der wohltuende Effekt wirklich umfassend nutzen. Am preiswertesten bekommen Sie eine kompetente Einführung meist bei Volkshochschulen.

Yoga bei Angst und Depressionen

Yoga statt Pillen? Das mag etwas abwegig klingen, ist aber vielerorts schon anerkannt. Yogaübungen verfolgen einen ganzheitlichen Ansatz und zielen darauf, Körper und Geist in Einklang zu bringen. Neben Körperübungen, sogenannten Asanas, vereint das Yoga Phasen der tiefen Entspannung mit Atem- und Meditationsübungen. Internationale Studien zeigen, dass die 3000 Jahre alte Methode Seele und Körper heilen und manchmal sogar Medikamente ersetzen oder sinnvoll ergänzen kann. Beispielsweise lässt sich mit regelmäßigem Yoga ein erhöhter Cholesterinspiegel senken und lassen sich Gefäßverengungen sowie Angina pectoris lindern. Wer Yoga übt, kann darüber hinaus den Spiegel des Stresshormons Cortisol senken, der bei Depressionen ja eine große Rolle spielt.

So nutzen Sie Yoga richtig

Experten – vom Naturheilkundler bis zum Facharzt für Herz- und Kreislauferkrankungen – sind sich einig: Yoga ist gesund, und positive Auswirkungen zeigen sich schon bei einer Übungsstunde pro Woche. Wichtig ist aber, dass man die Asanas korrekt ausführt und dabei richtig atmet. Das ist auf eigene Faust schwierig, und falsch umgesetzte Yoga-Übungen könnten Ihnen mehr Schaden als Nutzen bringen. Darum raten Mediziner Anfängern dazu, Yoga auf jeden Fall bei einem gut geschulten Ausbilder zu erlernen. Erkundigen Sie sich, es gibt bestimmt auch in Ihrer Nähe eine Yoga-Schule.

Mit regelmäßigem Yoga lässt sich nachweislich die seelische und körperliche Harmonie fördern.

Entspannen durch Anspannung: progressive Muskelentspannung

Gehören Sie zu den Menschen, die dermaßen auf Hochtouren laufen, dass sie ihren Kopf nicht abschalten können? Dann hilft es Ihnen vielleicht, sich durch körperliche Anspannung zu entspannen. Das klingt zwar paradox, basiert aber auf einer geradezu genialen Erkenntnis des amerikanischen Psychologen Edmund Jacobson. Er entdeckte schon in den 1930er Jahren, dass stark gestresste Menschen körperlich immer sehr verspannt sind – und umgekehrt: Ein entspannter Mensch leidet kaum unter Stresssymptomen. Jacobson entwickelte auf Grundlage dieser Erkenntnis sein Verfahren der progressiven Muskelentspannung (PME), bei dem durch willentliche und bewusste An- und Entspannung verschiedener Muskelpartien ein Zustand tiefer Entspannung erreicht wird. Mit einem – möglichst täglichen – regelmäßigen PME-Training lassen sich Körper und Seele schnell und einfach zur Ruhe bringen. Ein weiterer Pluspunkt: Im Gegensatz zu anderen Methoden wie dem autogenen Training oder der Meditation, die oft erst nach relativ langem Üben richtig wirken, merkt man bei PME schnell einen Effekt. Für Aktive und eher Ungeduldige darum eine interessante Alternative! Es gibt eine Vielzahl an Büchern und CDs mit Anleitungen, um sich auf PME einzustimmen.

Mein Rat

Sie können die PME-Übungen gut abends im Bett machen. Sie helfen Ihnen, besser abzuschalten und leichter einzuschlafen. Wenn Sie PME zum Einschlafen nutzen möchten, entfällt natürlich am Ende das Augenöffnen! Aber wahrscheinlich sind Sie dann ohnehin schon auf dem Weg in das Land der Träume.

PME-Übungen zur aktiven Entspannung

Sorgen Sie dafür, dass Sie völlig ungestört sind. Schalten Sie Telefon, Handy, Anrufbeantworter, Türklingel, Radio und Fernseher aus. Ziehen Sie sich bequem und warm an und legen Sie sich auf eine weiche Unterlage (eine Yogamatte, zwei dicke Wolldecken oder das Bett) und schließen Sie die Augen.

- **Den Rücken entspannen:** Ziehen Sie Ihre Schulterblätter nach hinten in Richtung Wirbelsäule richtig fest zusammen und achten Sie dabei auf das Spannungsgefühl in den Rückenmuskeln. Bleiben Sie 5 bis 10 Sekunden in dieser Spannung, lassen Sie dann los und spüren Sie genau nach, wie Schulterblätter und Rückenmuskeln ganz locker und weich werden.
- **Den Bauch entspannen:** Spannen Sie Ihre Bauchmuskeln so fest wie möglich an, indem Sie den Bauch tief einziehen. Achten Sie auf das Spannungsgefühl in den Muskeln und bleiben Sie 5 bis 10 Sekunden so. Lassen Sie wieder locker und achten Sie dabei auf das angenehme Gefühl der wieder ganz lockeren Bauchmuskeln.
- **Oberschenkel und Po/Unterschenkel und Füße entspannen:** Spannen Sie Po- bzw.

Oberschenkelmuskeln ganz fest an, fühlen Sie genau hin und halten Sie die Spannung 5 bis 10 Sekunden. Dann wieder ganz locker lassen und bewusst den Unterschied zum Anspannungszustand wahrnehmen. Spannen Sie auf die gleiche Weise Ihre Unterschenkel und Füße an und lassen die Spannung wie beschrieben wieder los.

Wiederholen Sie die Übung so lange, bis Sie die Entspannung deutlich spüren. Anschließend bleiben Sie noch liegen und genießen mit geschlossenen Augen das Gefühl der Lockerung. Zum Schluss atmen Sie ein paar Mal tief ein und aus und öffnen dann die Augen.

Meditation macht glücklich

Beim Meditieren können sich die meisten Menschen besonders tief entspannen. In der Meditation lenken Sie Ihr Bewusstsein auf das Hier und Jetzt, finden ganz zu sich selbst und beruhigen so Geist und Seele. Spezielle Konzentrationsübungen sammeln und beruhigen Ihren Geist. Um die wohltuende Wirkung des Meditierens für sich zu nutzen, ist es nicht unbedingt nötig, dazu bestimmte Techniken zu lernen. Zum Ausprobieren genügen schon ganz einfache Voraussetzungen. Alles, was Sie brauchen, ist – vor der inneren – erst mal absolute äußere Ruhe. Planen Sie eine halbe Stunde Zeit ein und sorgen Sie dafür, dass Sie garantiert nicht gestört werden. Stellen Sie Telefon und Türklingel ab, ziehen Sie sich bequem an und suchen sich einen möglichst ruhigen und abgedunkelten Ort. Machen Sie eventuell die Vorhänge zu und löschen das künstliche Licht. Schneidersitz oder Lotussitz (den die meisten von uns erst lernen müssen) sind gut, aber jede andere Haltung tut es auch, solange sie bequem ist. Falls Sie Rückenprobleme haben oder Ihnen das Sitzen auf dem Boden aus irgendwelchen Gründen unangenehm ist, können Sie auch auf einem Stuhl sitzend oder an die Wand angelehnt meditieren. Achten Sie in diesem Fall auf ein aufrechtes Rückgrat, sonst fällt Ihnen das Konzentrieren schwerer.

Einfache Meditationsübung

- Legen Sie die Hände auf Ihre Oberschenkel. Fixieren Sie mit den Augen einen bestimmten Punkt im Raum, bis er zu verschwimmen scheint, vielleicht eine brennende Kerze. Oder aber Sie schließen die Augen und versuchen nach innen zu schauen; wie eine Meditation begonnen werden kann, ist ganz individuell.
- Suchen Sie sich ein »Mantra« (ein Wort oder einen Satz) aus, das Sie innerlich oder auch laut bei jedem Ausatmen wiederholen. Bekannt und bewährt ist zum Beispiel »Om«.
- Oder legen Sie eine CD mit den Geräuschen von fließendem oder plätscherndem Wasser ein (Empfehlungen dazu finden Sie auf Seite 93). Wichtig ist, dass Sie sich ganz konzentrieren können und alle Gedanken ausblenden.
- Atmen Sie tief und gleichmäßig und achten Sie dabei darauf, wie der Atem durch Ihren Körper fließt, ohne dass Sie ihn beeinflussen oder steuern.

Genießen für Stimmung und Seele

Natürlich braucht es mehr als einen gut gefüllten Teller, um seelisches Wohlbefinden zu spüren. Dennoch – einige bestimmte Stoffe in unseren Lebensmitteln tragen sehr viel dazu bei, dass unser Nervenkostüm stabiler wird und unser Gefühlsleben wieder ins Gleichgewicht kommt. Warum und wie Sie sich tatsächlich glücklicher essen und genießen können, erfahren Sie in diesem Kapitel.

Essen als Seelennahrung

Der Volksmund weiß es: Essen und Trinken halten Leib und Seele zusammen. Sie sind ein Stück Lebenskunst, in dem sich nicht zuletzt ausdrückt, wie wir uns körperlich und seelisch fühlen. Denn Ernährung ist ja weit mehr als nur die lebenswichtige Versorgung des Körpers mit Nährstoffen und Energie. Ob wir uns rundum wohlfühlen, hängt nicht zuletzt von unserer Ernährung ab, denn sie ist eng mit unseren Emotionen verbunden. Essen kann uns trösten, beruhigen, friedlicher stimmen, anregen, ablenken oder entspannen. »Liebe geht durch den Magen«, das gilt auch und gerade für die so wichtige Liebe zu uns selbst. Noch längst nicht alle Zusammenhänge und Wechselwirkungen auf diesem Gebiet sind bereits erforscht, aber Ernährungswissenschaftler, Mediziner und Psychologen wissen: Was, wie und warum wir essen, sagt sehr viel über unsere Stimmung und unseren Seelenzustand aus – und es kann ihn auch beeinflussen, zum Guten wie zum Schlechten.

Wenn wir meist in Hetze und zwischen Tür und Angel essen, leiden auf Dauer Körper und Seele.

Genussesser oder Fastfood-Junkie?

Unsere Art zu essen verrät viel darüber, ob und wie sehr wir uns selbst schätzen und ob wir achtsam mit uns umgehen. Setzen wir uns in Ruhe zu einer Mahlzeit hin oder schlingen wir meist nur auf die Schnelle irgendetwas hinunter? Ist es uns nur wichtig, unseren Hunger zu stillen, oder legen wir auch Wert auf Genuss? Achten wir darauf, dass unser Essen ausgewogen und vielseitig ist, oder bevorzugen wir eher schnelle, aber oft einseitige Gerichte? Nehmen wir uns Zeit zum Kochen und haben Freude daran oder ist es eine lästige Pflicht? Essen wir meist allein oder oft und gern mit anderen gemeinsam? Kochen wir auch für uns alleine ein gutes Essen, oder tun wir das ausschließlich für andere Menschen? Achten wir darauf, dass wir uns abwechslungsreich und ausgewogen ernähren, oder nehmen wir das bei uns selbst kaum wichtig?

Essen als Ersatz

An unserem Essverhalten lässt sich durchaus erkennen, wie es uns und unserer Seele geht. Natürlich gibt es auch Tage, an denen die Zeit einfach nicht reicht für gemütliches Kochen und Essen. Und es hat nichts zu sagen, wenn wir mal eine Pizza in den Backofen schieben, statt selbst etwas zuzubereiten. Aber wenn Fastfood die Regel ist, kann man davon ausgehen, dass auch unser Seelenleben aus der Balance ist. Ein Alarmzeichen unserer Seele ist es auch, wenn wir essen, obwohl wir gar nicht hungrig sind. Viele Menschen versuchen, eine innere Leere mit Nahrung zu füllen oder sich mit Essen zu trösten. Essen bedeutet unbewusst für viele Menschen eben auch Ersatz – für Liebe, Zärtlichkeit, Anerkennung, Belohnung, Selbstwertgefühl oder Aktivität. Das ist in gewissen Grenzen auch völlig normal und ganz menschlich und hat damit zu tun, dass wir als Baby – stark vereinfacht gesagt – erlebt haben, dass Zuwendung und Nahrung untrennbar verbunden waren. Für einen Säugling sind zunächst die Liebe und die Milch seiner Mutter sozusagen das Gleiche. So gesehen muss uns nicht wundern, wenn wir nach einem Streit mit dem Partner zu Pralinen oder zum Sektglas greifen, obwohl wir uns eigentlich eher ein versöhnliches Gespräch oder eine Umarmung wünschen.

Genießen tut der Seele gut

»Wer nicht genießt, ist ungenießbar«, sang einst Konstantin Wecker. Vor allem aber stimmt: Dem Nichtgenießer selbst und seiner Seele entgeht so viel Gutes. Denn ein köstliches Essen, am besten mit netten Menschen zusammen, entspannt und erfreut nicht nur. Unsere Seele braucht auch bestimmte Nährstoffe, wenn sie im Lot sein soll. Fehlen Sie, leiden wir an übermäßiger Nervosität, Ängsten, Depressionen oder Verspannungen. Kurzum, die Seele braucht nicht nur im übertragenen Sinn Nahrung, sondern auch ganz wörtlich verstanden.

Im Grunde könnte man wohl sagen: Wer sich gut entspannen kann und sich in seiner Haut wohlfühlt, der weiß auch zu genießen. Er wird auch auf anderen Gebieten als beim Essen Qualität vor Quantität und Langsamkeit vor Hetze stellen. Er – oder sie – wird zum Beispiel Freude daran haben, ein gutes Bild in Ruhe anzusehen, seine Lieblingsmusik ohne Zeitdruck anzuhören, die Natur zu betrachten oder ein gutes Buch langsam zu lesen.

Immer schön langsam: Slow Food

Langsames Essen oder auch »Slow Food« ist eine Bewegung, die immer mehr Fans findet. Ihre Anhänger (es gibt sogar einen Verein mit Namen »Slow Food Deutschland e.V.«, Adresse auf Seite 92) haben es sich zur Aufgabe gemacht, die Kultur des Essens und Trinkens zu pflegen und lebendig zu halten.

Wir wissen es ja eigentlich alle: Wer langsam isst, hat mehr von Aroma und Geschmack seiner Lieblingsgerichte, wer sich Zeit und Muße zum Kochen nimmt, hat mehr Freude daran. Außerdem – echte und langsame Genießer werden seltener dick: Im Feinschmecker-Paradies Frankreich mit seinen mehrgängigen Menüs sind nur etwa halb so viele Menschen übergewichtig wie in Amerika, der Heimat des Fastfood. Kein Wunder, denn Stress und Hetze wirken sich mehrfach aufs Gewicht aus. Zum einen steigt der Spiegel des Stresshormons Cortisol im Blut. Zum anderen essen wir unter Zeitdruck und in Hektik meist das Falsche und davon obendrein zu viel. Denn: Was passiert, wenn wir unsere Mahlzeiten im Turbotempo hinunterschlingen, statt sie in Ruhe zu genießen? Wir essen meist mehr, als wir ursprünglich wollten und bräuchten, um satt zu werden. Beim Essen entstehen erst nach einer gewissen Zeit Signale im Gehirn, die dem Körper »Sättigung« melden. Doch nur wer langsam isst, wird diese rechtzeitig bemerken.

Kummerspeck als Seelensignal

Nicht ohne Grund nennen wir Übergewicht oft auch »Kummerspeck«: Häufig stecken hinter überzähligen Kilos Sorgen und Stress. In seelischen Belastungssituationen zieht das Gehirn alle verfügbare Energie aus dem Stoffwechsel für sich selbst ab. Dabei bleibt für die Vorgänge im Körper nicht genügend »Brennstoff« übrig. Das Gehirn gibt dem Körper das Signal, dass er mehr Essen braucht; wir essen entsprechend mehr.

Auch die Essgewohnheiten unter Stress und Anspannung verändern sich. Wenn es besonders stressig wird, wir uns überlastet, gereizt oder traurig fühlen, kommt der Hunger auf Süßes und Fettes besonders gern. Zusammenreißen hilft da wenig, das setzt uns nur noch mehr unter Stress. Der Körper kann ja dann kaum anders, als nach »Nervennahrung« zu verlangen, weil er reichlich davon fürs Gehirn benötigt. Bewegt man sich dazu noch wenig, ist Übergewicht fast vorprogrammiert. Es entsteht ein Teufelskreis: Wir essen zu fett, weil wir gestresst sind; und wir sind noch gestresster, weil wir uns zu dick fühlen und nur schwer abnehmen. Kein Wunder, wenn wir uns nun erst recht angespannt und unwohl fühlen. Das Einzige, was da wirklich hilft, ist Entspannung.

Entspannt genießen ist gesund

Was hat Genießen eigentlich mit Entspannung zu tun? Wenn Sie schon mal in Italien, Spanien oder einem anderen Land im Süden waren, ist es Ihnen sicher aufgefallen: Dort verstehen die meisten Menschen es, ein Essen auch alltags zu einer Art Fest zu machen. Wie genießen geht, können wir in solchen Ländern lernen: Zum Genießen gehört auf jeden Fall die Fähigkeit, in den Zeiten zwischen den alltäglichen Belastungen auch immer wieder abzuschalten, locker zu lassen, Muße zu haben für Schönes und Angenehmes und sich die Zeit zu nehmen, die es nun mal braucht, ein gutes Essen zuzubereiten und zu verzehren. Im mediterranen Raum ist eine solche Esskultur, die Körper und Seele guttut, seit je alltäglich. Man isst dort am liebsten in großer Runde, mit der ganzen Familie oder mit Freunden, einfach weil es Freude macht und so den Genuss noch erhöht.

Doch nicht nur diese geruhsame und genüssliche Art zu essen – auch das, was auf den Teller kommt, gilt zu Recht als gesund. Die Ernährung mit typisch mediterranen Zutaten wie Olivenöl, Fisch, Meeresfrüchten, Pasta, Reis, Brot, Käse und Kräutern halten Ernährungsexperten weltweit für besonders empfehlenswert, weil sie viele wertvolle Nährstoffe wie Eiweiß, Kohlenhydrate und ungesättigte Fettsäuren enthält.

Übrigens ist es sicher kein Zufall, dass ausgesprochene Feinschmecker auch stets darauf achten, dass ihre Nahrungsmittel nicht nur lecker, sondern auch gesund sind. Ein wahrer Genuss ist eben immer nur etwas, das niemandem schadet. Ein Glas Wein beispielsweise ist ein Genuss, eine ganze Flasche aber macht eher verkatert und auf Dauer abhängig. Eine Portion Schweinebraten ist Genuss, mehr belastet nur den Magen und auf Dauer die Figur. Genießen hat also auch mit Maßhalten zu tun. Anders gesagt: Ein echter Genuss wird Ihnen weder Figurprobleme noch einen Kater oder Magenschmerzen machen. Auch hier können wir von den Menschen rund ums Mittelmeer lernen: Nur sehr selten wird man dort jemanden sehen, der sich bei einem mehrgängigen Menü überisst oder sich mit dem Wein dazu betrinkt. Mit Moral oder Zusammennehmen hat das nichts zu tun, sondern mit einem Sinn für das, was guttut und darum den Namen Genuss wirklich verdient.

Genießen ist nicht unbedingt eine Geldfrage: Gemeinsam und in guter Stimmung essen – das tut einfach Leib und Seele wohl, selbst wenn's eine schlichte Mahlzeit gibt.

Gute Stimmung kann man essen

Ein entspanntes Essen kann die Stimmung heben, das wissen wir alle. Doch dieser Effekt lässt sich noch steigern! Und zwar ganz gezielt, indem wir besonders oft zu Lebensmitteln greifen, die unsere Laune beeinflussen und der Seele wohltun. Bestimmte Nahrungsmittel können das dank sogenannter Neurotransmitter, die als »Botenstoffe« direkt auf unsere Gehirn- und Nervenzellen positiven Einfluss nehmen.

Von besonderer Bedeutung ist dabei Serotonin: Es verschafft uns sehr zuverlässig Gefühle von Gelassenheit, Ausgeglichenheit, innerer Ruhe und Zufriedenheit. Gleichzeitig wirkt der Botenstoff auf ganz natürliche Art als Vorbeugung gegen Gefühlszustände wie Aggressivität, Hunger, Angst, Kummer, Niedergeschlagenheit und Depressionen. Umgekehrt ist inzwischen bekannt, dass Menschen mit Depressionen oder Ängsten häufig einen auffallend niedrigen Serotoninspiegel im Körper aufweisen.

Lebensmittel mit viel Tryptophan

Lebensmittel	Tryptophangehalt in mg pro 100 Gramm
Parmesankäse	490
Emmentaler Käse	460
Cashewnüsse	450
Sojabohnen	450
Edamer Käse	400
Camembert	370
Briekäse	340
Weizenkeime	330
Erdnüsse	320
Sonnenblumenkerne	310
Fleisch (Muskelfleisch, im Durchschnitt)	300
Sesamsamen	290
Fisch (im Durchschnitt)	270
Steinpilze	260
Linsen	250
Weizenkleie	250
Hühnereier	230
Getreide (im Durchschnitt)	180
Nüsse (im Durchschnitt)	170

(Quelle: Souci/Fachmann/Kraut: Die Zusammensetzung der Lebensmittel, Nährwert-Tabellen, Wissenschaftliche Verlagsgesellschaft)

So essen Sie sich glücklich

Es sind bei Weitem noch nicht alle Effekte des Serotonins erforscht, aber darin sind sich Ernährungswissenschaftler einig: Je mehr Serotonin im Gehirn gebildet wird, umso wohler fühlen wir uns.

Aber wie kommen wir nun an möglichst große Mengen des »Glücksstoffs« Serotonin? Ganz einfach über die Aminosäure Tryptophan. Sie dient dem Körper als Grundstoff zur Bildung von Serotonin. Was der Körper außerdem braucht, sind Kohlenhydrate, die als eine Art Wegbereiter dafür sorgen, dass das Tryptophan möglichst schnell und restlos im Gehirn ankommt. Die Natur hat auch da vorgesorgt und macht es uns leicht. Denn sehr häufig sind Lebensmittel mit einem hohen Tryptophangehalt zugleich auch reich an Kohlenhydraten – wie zum Beispiel Hülsenfrüchte, Getreide oder Nüsse.

Und noch ein Tipp

Essen Sie möglichst häufig Hülsenfrüchte, Getreide, Nüsse und Käse! Sie enthalten neben Tryptophan, Magnesium und B-Vitaminen noch einen anderen »Glücklichmacher«, das pflanzliche Eiweiß Phenylalanin. Es ist maßgeblich an der Bildung von gleich drei Stoffen beteiligt, die unserer Seele Flügel verleihen können: Noradrenalin, das sogenannte Kreativitätshormon ACTH und das körpereigene Rauschmittel Beta-Endorphin.

Magnesium macht gute Laune

Zur Herstellung von Serotonin benötigen wir aber auch noch andere Stoffe, ohne die eine Übertragung der Informationen im Gehirn nicht reibungslos klappen kann. Von besonderer Bedeutung für unser seelisches Befinden und unsere Stimmung sind bestimmte Vitamine der B-Gruppe sowie einige Mineralstoffe und Spurenelemente, allen voran das Magnesium. Muskeln und Nerven geraten ohne ausreichende Mengen dieses Mineralstoffs rasch aus dem Gleichgewicht. Nehmen wir zu wenig davon auf, merken wir das relativ schnell: Krämpfe – besonders auch Wadenkrämpfe – und Muskelzittern sind typische Anzeichen für einen Magnesiummangel. Aber auch wenn wir plötzlich auf Geräusche ungewohnt empfindlich reagieren, leicht gereizt sind oder unruhig, kann unter anderem ein Defizit an Magnesium daran schuld sein.

Obwohl eine abwechslungsreiche Ernährungsweise oft ausreicht, um unseren Bedarf zu decken, kann eine Unterversorgung unter bestimmten Umständen relativ leicht entstehen. Mögliche und häufige Gründe sind beispielsweise Magen-Darm-Störungen, eine sehr fettreiche Ernährung, Alkoholmissbrauch und ganz besonders auch andauernder Stress sowie Angstzustände und Depressionen. Aus gutem Grund kennt man Magnesium auch als

Dass die mediterrane Küche gesund ist, hat sich herumgesprochen. Doch auch die Seele hat was von diesen Genüssen, denn in vielen typischen Zutaten stecken reichlich Stoffe, die den Serotoninspiegel anheben.

das »Salz der inneren Ruhe«: Gerade wenn wir unter seelischem Druck oder großen Belastungen leiden, ist Magnesium doppelt wichtig. Denn zum einen verbrauchen wir dann besonders viel davon, zum anderen kann eine ausreichende Zufuhr unsere Symptome lindern.
Einen höheren Bedarf an Magnesium haben außerdem alle, die viel Sport treiben. Denn beim Training verbrauchen die Muskeln einerseits viel Magnesium und scheiden es andererseits durchs Schwitzen auch vermehrt aus. Außerdem steigt der Bedarf bei Beschwerden wie Durchfall, der Einnahme von Abführ- und Entwässerungsmitteln sowie bei Diabetikern und Patienten mit anderen chronischen Krankheiten zum Beispiel im Herz- und Kreislaufbereich.

Eine Tasse heißer Kakao wirkt beruhigend und entspannend. Kein Wunder: Das aus Kakaobohnen gewonnene dunkle Pulver ist das magnesiumreichste Lebensmittel überhaupt.

So erkennen Sie einen Magnesiummangel

Folgende Beschwerden können durch einen Mangel an Magnesium entstehen:

- Angst, innere Unruhe
- Depressivität
- Antriebslosigkeit
- Nervosität
- Inneres Zittern
- Muskelkrämpfe
- Herzkrämpfe
- Krämpfe in Bauch, Beinen, Füßen und Händen
- Herzrhythmusstörungen
- Kopfschmerzen
- Schwindelgefühle
- Hautkribbeln und -jucken

Da die meisten dieser Symptome und Beschwerden auch ein Hinweis auf eine ernstere Erkrankung sein können, ist es ratsam, zunächst zum Arzt zu gehen. Wenn er eine organische Ursache ausschließt und gegen die Einnahme von Magnesium nichts einzuwenden hat, lässt sich der eventuelle Magnesiummangel mit einem Präparat beheben. Die unangenehmen Befindlichkeitsstörungen sollten dann innerhalb von etwa zwei bis vier Wochen merklich nachlassen.

Wie viel Magnesium muss sein?

Der Tagesbedarf ist je nach Alter, Geschlecht und Lebensweise unterschiedlich. Die Deutsche Gesellschaft für Ernährung (DGE) empfiehlt bestimmte Mengen an Magnesium pro Tag (siehe dazu die folgende Tabelle).

Wie viel Magnesium muss sein?

Alter	Menge Magnesium – Frauen	Menge Magnesium – Männer
15–19 Jahre	400 mg	350 mg
19–25 Jahre	400 mg	310 mg
Ab 25 Jahren	350 mg	300 mg
Schwangere Frauen	310 mg	
Stillende Frauen	390 mg	

(Quelle: DGE)

Lebensmittel mit hohem Magnesiumgehalt

Lebensmittel (100 g)	Magnesium in mg
Kakaopulver (dunkel)	415
Sonnenblumenkerne (roh)	397
Sesamsamen, Leinsamen	350
Weizenkeime	308
Schokolade	290
Cashewnüsse	270
Sojamehl	235
Sojabohnen	210
Reis (unpoliert)	163
Vollkornmehl	157
Haferflocken	155
Bohnen (weiß)	140
Erbsen	120
Vollkornbrot	90

(Quelle: DGE)

Einige Menschen reagieren auf die Einnahme von größeren Mengen Magnesium mit Durchfall. Nehmen Sie daher am besten Ihre Tagesdosis in mehreren Portionen zu sich, so verträgt der Darm sie besser.

Noch ein Tipp

Beim Kochen in Wasser und beim Braten geht übrigens viel natürliches Magnesium verloren. Schonender ist Dünsten oder Dämpfen! Verwenden Sie Dünstwasser und Garflüssigkeiten am besten immer mit, zum Beispiel als Basis für eine Sauce.

B-Vitamine: Powernahrung für die Nerven

Auch wenn's so klingt: Mit Komplexen hat der sogenannte Vitamin-B-Komplex natürlich nichts zu tun. Es handelt sich hier um einen Sammelbegriff für verschiedene Vitamine bzw. vitaminähnliche Stoffe. Unser Körper braucht sie, damit unser Kohlenhydratstoffwechsel gut funktioniert. Zu den B-Vitaminen zählen unter anderem die Vitamine B1, B2, B6, B12 und Folsäure. Einige sind für ein stabiles »Nervenkostüm« ganz besonders wichtig – fehlen sie, fühlen wir uns schnell müde, gereizt und nervös. Zu einem Mangelzustand kann es in Zeiten von Stress und Anstrengun-

Wie viel Vitamin B muss sein?

Vitamin	Tagesdosis	Mögliche Mangelerscheinungen	Besonders gute Quellen
Vitamin B_1 (Thiamin)	1,2–1,6 mg	Nervosität, Kopfschmerzen, Ermüdbarkeit, Reizbarkeit, Konzentrationsmangel, Depressionen, Herzbeschwerden, Atemnot, Muskelschwäche	Hefe, Erbsen, Kartoffeln, Vollkornprodukte, Nüsse, Sonnenblumenkerne, Schweinefleisch
Vitamin B_2 (Riboflavin)	1,5–1,7 mg	Konzentrationsschwäche, Müdigkeit, schuppige Haut, rissige Lippen u. Mundwinkel	Milch und -produkte, Geflügel, Fleisch, Fisch, Vollkornprodukte, Hefe
Vitamin B_6 (Pyridoxin)	1,6–1,8 mg	Übelkeit, Appetitlosigkeit, Muskelschwund, Blutarmut, Krampfanfälle	Fisch, Fleisch, Innereien, Vollkornprodukte, Kartoffeln, Erbsen, Bohnen, Kohl, Bananen
Vitamin B_{12} (Cobalamin)	3 µg (z. B. in 150 g Käse)	Appetitlosigkeit, Abgespanntheit, extreme Müdigkeit, Nervosität	Milch, Käse, Leber, Seefisch, Fleisch, Eier
Pantothensäure	6 mg	Infektanfälligkeit, Nervosität, Hautprobleme, Müdigkeit, Schlafstörungen, Übelkeit	Leber, grünes Gemüse, Pilze, Fleisch, Geflügel, Milch, Seefisch
Niacin	16,5 mg	Müdigkeit, Depressionen, schuppige Haut, Appetitlosigkeit, Kopfschmerzen	Nüsse, Leber, Hefe, Vollkornbrot, grünes Gemüse, Fleisch, Seefisch, Geflügel

gen oder durch einen hohen Alkoholkonsum recht leicht kommen. Außerdem sind die B-Vitamine wasserlöslich, sodass beispielsweise beim Kochen viel davon verloren gehen kann.

Alkohol als Nährstoffräuber

Alkohol gilt als bewährtes Mittel, in Stimmung zu kommen und sich zu entspannen. »Ein Gläschen in Ehren kann niemand verwehren« – das stimmt sicherlich, solange es beim gelegentlichen Genuss bleibt. Trinken wir aber gewohnheitsmäßig täglich unseren Wein oder unser Bier, sieht es schon anders aus. Denn Alkohol entzieht Ihrem Körper und dem Gehirn ausgerechnet die Vitalstoffe, die Sie brauchen, um gut gelaunt und seelisch im Gleichgewicht zu sein, also vor allem Magnesium und B-Vitamine.

Aber Alkohol schädigt die Seele nicht nur indirekt dadurch, dass er dem Nervensystem Nährstoffe raubt, sondern auch ganz direkt. Leider versuchen gerade Menschen, die unter seelischen Problemen leiden, häufig Aufmunterung, Trost und Beruhigung bei der Flasche. »Wer Sorgen hat, hat auch Likör«, schrieb einst Wilhelm Busch. Andersherum stimmt diese Feststellung aber mindestens ebenso: Viele Sorgen hat, wer Likör (im Übermaß) trinkt. Denn besonders bei Menschen, die ohnehin anfällig dafür sind, kann Alkohol Ängste und Depressionen verstärken oder sogar auslösen. Häufige Folgen von »zu viel des Guten« sind auf längere Sicht zudem langsame Veränderungen der Persönlichkeit mit extremen Stimmungsschwankungen, Konzentrationsstörungen, Antriebslosigkeit.

Alkoholisiert schläft man auch keineswegs besser, wie viele glauben. Ganz im Gegenteil: Der Wein oder Sekt bzw. das Bier am Abend erleichtert zwar scheinbar das Einschlafen, doch der eigentlich erholsame und unverzichtbare Tiefschlaf ist gestört. Mit dem Ergebnis, dass man häufiger aufwacht und sich nachts nicht so erholt wie jemand, der nüchtern ins Bett geht.

Hilfe bei zu viel Alkohl

Es gibt keinen Grund, sich zu schämen, wenn man mehr trinkt, als einem guttut. Sehr viele Menschen versuchen, mit alkoholischen Getränken ihre Stresssymptome oder ihre seelischen Belastungen in den Griff zu bekommen. Genau das aber kann gefährlich werden, denn das Trinken um einer bestimmten Wirkung willen ist der typische Einstieg in eine Abhängigkeit. Da außerdem Alkohol Symptome wie Angst, Unruhe, Depressivität noch verstärken

Wenn nichts mehr geht und die Nerven blank liegen, scheint Alkohol zu entspannen. Doch das täuscht – in Wahrheit verschärft er seelische Notlagen noch.

kann, ist der allzu üppig und oft genossene »Schlummertrunk« keine wahre Hilfe.

Schauen Sie doch, ob Ihnen ein pflanzliches Mittel und gezielte Entspannung nicht genauso gut oder besser helfen! Sollten Sie merken, dass Ihnen der Verzicht auf den »Tröster aus der Flasche« schwerfällt, zögern Sie nicht, etwas zu unternehmen. Auch eine beginnende oder drohende Abhängigkeit ist keine »Schande«, sondern ein Signal Ihrer Seele dafür, dass etwas nicht so ist, wie es sein sollte. Lassen Sie sich beraten (das geht auch anonym), wie Sie aus einer solchen beginnenden oder bereits bestehenden Abhängigkeit wieder herausfinden können. Adressen, bei denen Sie Hilfe bekommen, finden Sie auf Seite 92 f.

Nüsse, die kerngesunde Nervennahrung

Mögen Sie Nüsse und verkneifen sich das Knabbern wegen ihres hohen Kaloriengehalts? Das wäre schade! Denn einerseits gehen die Kalorien hauptsächlich aufs Konto der zahlreichen ungesättigten Fettsäuren, die Nüsse enthalten und die unser Körper braucht. Andererseits stecken in den knackigen Kernen auch gleich mehrere Stoffe, die Gehirn und Nerven ordentlich auf Trab bringen: Eiweiße, Fette, Lecithin, Glucose, Mineralstoffe, Antioxidanzien und Zink machen Nüsse rundum gesund. Zur puren Nervennahrung werden Nüsse aber erst so richtig durch ihren hohen Gehalt an Tryptophan und B-Vitaminen. Die bereits erwähnten wertvollen, mehrfach ungesättigten Fettsäuren schützen außerdem Herz und Kreislauf, was besonders bei Stress von Vorteil ist. Selbst angestrengte Kopfarbeit klappt mit Nüssen tatsächlich besser; vermutlich genau deswegen heißt die beliebte Knabbermischung aus Nüssen und Rosinen auch »Studentenfutter«.

Der Inhalt hält, was die fröhlich gelbe Schale verspricht: Bananen können Laune machen.

Bananen – Balsam fürs Gemüt

Schon ihre fröhliche Farbe sorgt für sonnige Stimmung. Zu »Glücklichmachern« werden Bananen aber auch mit ihrem Fruchtfleisch. Der hohe Fruchtzuckergehalt darin regt die Produktion von Serotonin im Gehirn an. Große Mengen vom Anti-Stress-Mineralstoff Magnesium sind ein weiteres Plus der gelben Südfrüchte.

Fisch macht fröhlich

Wohl dem, der gerne Fisch isst! Mit diesen und anderen Meerestieren tun Sie Ihrem Gemüt etwas richtig Gutes, denn im Fischeiweiß steckt besonders viel vom Eiweißbaustein Tryptophan, sodass Fisch den Seelenfrieden nachweislich fördert. Isst man zu

Kabeljau und Co. als Beilage Pasta, Reis oder Kartoffeln, nimmt unser Gehirn das Tryptophan noch leichter auf und der Spiegel am Glückshormon Serotonin steigt besonders schnell und zuverlässig in die Höhe. Vor allem etwas fettere Fischsorten wie zum Beispiel Makrele, Hering und Lachs gelten zu Recht schon deshalb als »Glücklichmacher«, weil sie reichlich Omega-3-Fettsäuren liefern. Der Verbrauch von Omega-3-Fettsäuren steht in Zusammenhang mit einer niedrigeren Depressionsrate. Manche Mediziner geben darum ihren Patienten bei leichteren seelischen Beschwerden zusätzlich zu anderen Medikamenten ein Präparat mit Omega-3-Fettsäuren. Eine weitere gute Quelle für Omega-3-Fettsäuren sind außerdem Pflanzenöle wie vor allem Raps- und Walnussöl – und natürlich Nüsse (siehe Seite 88).

Bei Hafer, Hirse, Dinkel & Co. kommt Freude auf. Die Körner stecken voller »Stimmungsmacher« wie Tryptophan, B-Vitamine und Mineralstoffe.

Getreide als Glücklichmacher

Ganz gleich, ob Brot, Nudeln oder Müsli: Alles, was aus Getreide hergestellt wird, kann unsere Stimmung heben und unsere Nerven beruhigen. Denn in sämtlichen Getreidesorten stecken hohe Mengen an Tryptophan sowie auch an B-Vitaminen und Mineralstoffen. Wenn Sie die glücklich machende Wirkung so richtig nutzen möchten, nehmen Sie möglichst oft Flocken, Brot, Nudeln und Gebäck aus Vollkornmehl, denn darin stecken die meisten »Wohlfühlstoffe«. Besonders reich an Tryptophan sind übrigens Haferflocken, Naturreis, Vollkornbrot und Vollkornnudeln (siehe Tabelle auf Seite 82).

Schokolade als Seelenschmeichler

Geht es Ihnen auch so, dass Sie bei einem Stimmungstief Lust auf Schokolade bekommen? Keine Sorge, damit sind Sie nicht allein: 70 Prozent aller Menschen haben Lust auf Schokolade, wenn sie sich unwohl fühlen.

Ein Zufall ist das nicht. Wer traurig, ängstlich oder deprimiert ist, der hat einen niedrigen Serotoninspiegel. Nachschub ist also sinnvoll und nötig. Nun kann der Körper diesen Botenstoff nur dann produzieren, wenn er ausreichend von dem Eiweißbaustein Tryptophan plus Kohlenhydraten – zum Beispiel aus Zucker – geliefert bekommt. Und genau diese Bedingungen erfüllt Schokolade. Zudem enthält die Leckerei auch noch den Botenstoff Phenylethylamin. Seine konkurrenzlos glücklich machende Wirkung kennt jeder, der schon mal verliebt war: Dann schüttet der Körper nämlich besonders viel von dem Botenstoff aus. Komplett wird die geballte Glücklichmacher-Wirkung von Schokolade obendrein noch durch die Stoffe Anandamid und Theobromin, die beide leicht euphorisierend und anregend wirken.

Gewürze für Seele und Sinne

Gewürze waren in früheren Zeiten oft wertvoller als Gold, und das weniger wegen ihres Aromas als vielmehr wegen ihrer Heilkräfte.

In geringen Mengen macht Muskat uns fröhlicher, in zu hoher Dosierung dagegen würde das Gewürz uns schaden.

Im alten Ägypten, in China und anderen Ländern galten Gewürze als wichtige Arzneimittel und unverzichtbarer Bestandteil von kultischen und magischen Ritualen.

Wer den Film »Die Hüterin der Gewürze« gesehen hat, weiß: In Indien gelten Gewürze als magisch und höchst heilsam, auch bei seelischen Verstimmungen. Man muss aber nicht an Magie glauben, um der Heilkraft von Gewürzen zu vertrauen. Sowohl jahrtausendealte Tradition als auch neuere Forschungen belegen, dass die duftenden und wohlschmeckenden Substanzen sowohl den Sinnen als auch unserer Seele schmeicheln und guttun. So haben Experten festgestellt, dass Gewürze generell positiv auf unsere Verdauung und antioxidativ (zellschützend) wirken; manche können sogar Bakterien den Garaus machen. Nicht zuletzt aber steigern Gewürze unser Wohlbefinden: Die Farben und Aromen stimulieren unsere Sinne, und der Geruch regt übers Gehirn die Produktion von »Wohlfühlstoffen« an. Manche Gewürze können sogar direkten Einfluss auf den Serotoninspiegel im Gehirn ausüben und damit unsere Stimmung heben.

»Seelenwürze«

- **Muskatnuss:** Sie wirkt zum Beispiel in großen Mengen wie eine stark anregende Droge und wird auch von manchen Menschen genauso benutzt. Ratsam ist das allerdings nicht, denn eine Überdosis kann auch diese »Droge« gefährlich machen. In den beim Kochen und Anrichten üblichen Dosierungen aber ist Muskat wie andere

Gewürze auch ein ebenso schmackhafter wie zuträglicher Stimmungsaufheller.

- **Chili:** Sehr anregend wirken auch Chilis. Der darin enthaltene Scharfmacher Capsaicin sorgt dafür, dass uns ein scharfes Essen buchstäblich den Atem raubt und sogar einen gewissen Schmerz im Hals und Mund verursacht. Das Gute daran: Unser Körper reagiert darauf mit der Ausschüttung von körpereigenen Opiaten, sodass wir uns nach dem Essen meist rundum entspannt und zufrieden fühlen.
- **Ingwer:** Das Gingerol im Ingwer bringt ebenfalls Schärfe ins Spiel und wirkt ähnlich wie Chili, doch darüber hinaus gilt die würzige Wurzel in der Traditionellen Chinesischen Medizin außerdem als ausgleichend. Ihr Genuss soll die Lebenskraft zum Fließen bringen und für Harmonie von Körper und Seele sorgen. Fest steht: Die ätherischen Öle der Wurzel kurbeln den Kreislauf und die Durchblutung an, entspannen aber auch gleichzeitig verkrampfte Muskeln und Organe. Mit Ginkgo kombiniert soll Ingwer möglicherweise sogar bei innerer Unruhe und Ängsten helfen. Bislang ist dieser Effekt allerdings erst durch Tierversuche belegt. Ob er auch bei Menschen wirkt, weiß man noch nicht.
- **Vanille:** Die Echte Vanille hebt ebenfalls die Stimmung, aber weitaus sanfter, als scharfe Gewürze es tun. Außerdem wirkt schon der Duft der Schote beruhigend und aufheiternd aufs Gemüt. Das aromatische Vanillin aus dem schwarzen Mark dieser Orchideenpflanze nutzten schon die Azteken als Heilmittel. Vanille hat übrigens auch eine aphrodisierende bzw. die Liebeslust fördernde Wirkung: Ihr Duftstoff ähnelt chemisch sehr den Sexuallockstoffen des Menschen.
- **Gewürznelken:** Dass Gewürznelken sehr gut als Notfallmedizin bei einem schmerzenden Zahn taugen, haben Sie vielleicht schon gehört. Das ätherische Öl in den noch geschlossen gepflückten und dann getrockneten Blüten des tropischen Nelkenbaums wirkt nämlich beruhigend bis sanft betäubend. Gewürznelken helfen außerdem vielen Menschen bei seelischen Verstimmungen und auch bei Krampfzuständen wie etwa Unterleibsschmerzen oder Magenkrämpfen.
- **Zimt:** Er wirkt bei vielen Menschen stimmungsaufhellend, besänftigend und beruhigend. Experten empfehlen, ausschließlich echten Ceylonzimt zu verwenden. Er ist etwas kostspieliger als der sonst übliche einfache Cassiazimt, ist aber dafür frei vom Giftstoff Cumarin und enthält mehr heilsame Wirk- und Aromastoffe.

Mein Rat

Nutzen Sie die Wohlgerüche und stimmungsfördernden Stoffe von Gewürzen doch auch mal woanders als in der Küche. Die reinen ätherischen Öle aus Vanille, Zimt oder Nelken tun der Seele zum Beispiel auch sehr gut, wenn man sie in die Aromalampe gibt. Und nicht nur zur Weihnachtszeit ist ein kleines Duftpotpourri mit Zimtstangen und Nelken angenehm für unsere Sinne.

Verbände & Vereine

Arbeits- und Forschungsgemeinschaft für
Atempflege e.V. (AFA)
Wartburgstraße 41
10823 Berlin
www.afa-atem.de

Arbeitslosentelefonhilfe e.V.
Humboldtstraße 58
22083 Hamburg
www.arbeitslosen-telefonhilfe.de

Berufsverband Deutscher Psychiater e.V.
Am Zollhof 2a
47829 Krefeld
www.bv-psychiater.de

Bundeszentrale für gesundheitliche Aufklärung
Ostmerheimer Straße 220
51109 Köln
www.bzga.de

Deutsche Gesellschaft für Bipolare Störungen e.V.
(DGBS)
Eissendorfer Pferdeweg 52
21075 Hamburg
www.dgbs.de

Deutsche Gesellschaft für Ernährung e. V.
Godesberger Allee 18
53175 Bonn
www.dge.de

Deutsche Gesellschaft für Psychiatrie, Psychotherapie und Nervenheilkunde (DGPPN)
Reinhardtstraße 14
10117 Berlin
www.dgppn.de

Deutsche Gesellschaft für Gesundheit und
Prävention e.V. (DGGP)
Reppkotten 24
42279 Wuppertal
www.dggp.org

Deutsche Gesellschaft zum Studium des
Schmerzes e.V. (DGSS)
Obere Rheingasse 3
56154 Boppard
www.dgss.org

Slow Food Deutschland e.V.
Wilhelmstraße 22
71638 Ludwigsburg

NAKOS – Nationale Kontakt- und Informationsstelle
zur Anregung und Unterstützung von Selbsthilfegruppen
Wilmersdorfer Straße 39
10627 Berlin
www.nakos.de

pro familia – Deutsche Gesellschaft für Familienplanung, Sexualpädagogik und Sexualberatung e.V.
Stresemannallee 3
60596 Frankfurt/Main
www.profamilia.de

Gesellschaft für die interdisziplinäre Anwendung
psychologischer Techniken GmbH & Co. KG (psytec)
Paul-Pieper-Straße 24
40625 Düsseldorf
www.p-portal.de

Telefonseelsorge
Tel: 0 800/11 10 11 1
www.telefonseelsorge.de

Therapeuten

BundesPsychotherapeutenKammer (BPTK)
Klosterstraße 64
10179 Berlin
www.bptk.de

Pro Psychotherapie e.V.
Goethestraße 28
80336 München
www.therapie.de

Psychotherapie-Informations-Dienst (PID)
Am Köllnischen Park 2
10179 Berlin
www.psychotherapiesuche.de

Psychotherapeuten-Suchdienst der Arbeitsgemeinschaft der Psychotherapeutenkammern
Hallerstraße 61
20146 Hamburg
www.psych-info.de

Kontaktadressen zu den Experten in diesem Buch

Matthias Heyne – Diplom-Psychologe & Coach
Tel.: 0 30/23 88 32 21
www.heyne-seminare.de

Andrea Elser – Atemtherapeutin & Heilpraktikerin
Eschenstrasse 14
CH-4188 Rodersdorf (bei Basel)
Tel.: +41/61/7 33 77 70

Oliver W. Möhwald – Heilbademeister, Masseur
Untere Bärenloher Straße 8a
08645 Bad Elster
Tel.: 03 74 37/532 96
www.iaka-sachsen.de

Peter Seitz – Körpertherapeut & Heilpraktiker
Schlosspark 1
17217 Alt Rehse
Tel.: 0175/423 21 89
www.sorayon.com

Empfehlenswerte Bücher & CDs

Buntrock, Martin: Meer (CD). Mbm 2009
Dobos, Prof. Dr. med. Gustav: Die Kräfte der Selbstheilung aktivieren! Zabert Sandmann 2008
Eberwein, Werner: Selbstheilungskräfte in der Seele entfalten (CD). Kösel 2008
Engel, Siegbert: Qi Gong für mich – Das Übungsbuch. BLV 2009
Fromm, Erich: Die Kunst des Liebens. Manesse 2008
Goldberg, Jerry: Autogenes Training: Entspannt und gelassen den Alltag meistern. BLV 2006
Klein, Nikolaus: Meditation. Das Praxisbuch. BLV 2005
Larisch-Haider, Nina: Von der Kunst, sich selbst zu lieben.Schirner 2008
Mießner, Wolfgang/Zylla, Amiena: Yoga Schritt für Schritt. BLV 2009
Moriabadi, Uschi: Pilates. Das Übungsbuch. BLV 2007
Pierre, Michel/Lis, Michel: BLV Handbuch Heilpflanzen. BLV 2007
Souci/Fachmann/Kraut: Die Zusammensetzung der Lebensmittel, Nährwert-Tabellen. Wissenschaftliche Verlagsgesellschaft
Schwarz, Aljoscha und Anja: Muskelentspannung nach Jacobson. BLV 2009
Tolle, Eckart: Leben im Jetzt: Lehren, Übungen und Meditationen. Goldmann 2008
Tolle, Eckart: JETZT! Die Kraft der Gegenwart: Ein Leitfaden zum spirituellen Erwachen. J. Kamphausen 2000
Watzlawick, Paul: Anleitung zum Unglücklichsein. Piper 2007
Winter, Andreas: Der Psychocoach 3: Abnehmen ist leichter als Zunehmen. Mankau 2007
Witt, Ute/Noh, Barbra: Yoga – Körper und Seele im Einklang. BLV 2008

Stichwortverzeichnis

Über die Autorin

Katrin Koelle arbeitet als Redakteurin und freie Journalistin in Hamburg. Seit Jahren beschäftigt sie sich intensiv mit den Themen Gesundheit, Ernährung, Fitness, Homöopathie und Psychologie. Sie ist Autorin zahlreicher Sachbücher. Im BLV Verlag sind von ihr unter anderem »Das tut dem Darm gut« und »Das tut dem Magen gut« erschienen.

Bildnachweis
A1PIX: S. 36, 46; Archiv BLV: S. 16, 59, 65, 69 li.; Besendorfer, Eva: S. 19, 34, 90; Elser, Andreas: S. 49; Fotolia/Jason Stitt: S. 78; Fotolia/Roman Siqaev: S. 87; Fotolia/Teamarbeit: S. 69 re.; Fotolia/Wißmann: S. 88; Fotolia/Yasmapaz: S. 84; Getty Images: S. 32, 55; Hart, Sammy: S. 5, 23, 73; Heyne, Matthias: S. 25; Jupiter: S. 1, 2/3, 10, 13, 14/15, 41, 45, 76/77; Möhwald/Insitut für Aquatische Körperarbeit (IAKA), Sachsen: S. 51, 52; Odlo: S. 42; Pantermedia: S. 81; Seitz, Peter: S. 54; Shutterstock: S. 6/7, 11, 20, 24, 28, 38/39, 57, 58, 60/61, 67, 89; Stockfood: S. 83; Ullstein: S. 8

Bibliographische Information der Deutschen Bibliothek

Die Deutsche Bibliothek verzeichnet diese Publikation in der Deutschen Nationalbibliographie; detaillierte bibliographische Daten sind im Internet über http://dnb.ddb.de abrufbar.

BLV Buchverlag GmbH & Co. KG
80797 München

Umschlagfotos:
Vordeseite: Reinke Productions/jump fotoagentur;
Rückseite: Sammy Hart

Lektorat: Maritta Kremmler, Daniela Luginsland
Herstellung: Ruth Bost
DTP: Satz+Layout Peter Fruth GmbH, München

Printed in Germany
ISBN 978-3-8354-0439-7

Nie mehr geschwollene Beine

Heike Höfler

Das tut den Venen gut

Hilfe zur Selbsthilfe bei Venenproblemen · Haltungsübungen, Venenwalking, Barfußgehen, venengerechte Sportarten, Atem- und Beckenbodengymnastik · Spezielle Übungen für Bahn- und Autofahrten, für lange Flugreisen, für Strandurlauber, für zwischendurch im Büro.

ISBN 978-3-8354-0566-0

Bücher fürs Leben.